A Case Study of
Teacher Education for Teaching Chinese
as an International Language

国际汉语教师教育课例研究

刘元满　刘　路　/　著

北京大学出版社
PEKING UNIVERSITY PRESS

图书在版编目（CIP）数据

国际汉语教师教育课例研究 / 刘元满，刘路著．—北京：北京大学出版社，2021.12
ISBN 978-7-301-32725-8

Ⅰ．①国…　Ⅱ．①刘…　②刘…　Ⅲ．①汉语 – 对外汉语教学 – 师资培养 – 研究
Ⅳ．① H195.3

中国版本图书馆 CIP 数据核字（2021）第 242313 号

书　　名	国际汉语教师教育课例研究 GUOJI HANYU JIAOSHI JIAOYU KELI YANJIU
著作责任者	刘元满　刘　路　著
责 任 编 辑	孙艳玲
标 准 书 号	ISBN 978-7-301-32725-8
出 版 发 行	北京大学出版社
地　　址	北京市海淀区成府路 205 号　100871
网　　址	http://www.pup.cn　　新浪微博：@ 北京大学出版社
电 子 信 箱	zpup@pup.cn
电　　话	邮购部 010-62752015　发行部 010-62750672　编辑部 010-62753374
印 刷 者	北京虎彩文化传播有限公司
经 销 者	新华书店
	650 毫米 ×980 毫米　16 开本　15.5 印张　208 千字
	2021 年 12 月第 1 版　2021 年 12 月第 1 次印刷
定　　价	48.00 元

序

课例研究起源于日本的“授业研究”，最早可以追溯到明治时期，至今已有一百多年历史了。20世纪末，美国、英国、中国香港等国家和地区的教育工作者在教育研究中开展了此项研究。2002年，上海市教育科学研究院和华东师范大学的研究人员也开始从事课例研究，他们的研究对象聚焦在中小学课程。

那么，到底什么是课例研究呢？国内外专家都给出了不同的界定，有研究者概括为：“课例研究”是一种以教师为导向的教学循环，是提升教师教学专业水平的重要方式，其核心特征在于长远目标的共享性、课程内容的选择性、学生研究的周密性和课例观察的鲜活性。“课例研究”本质上是一种课堂行动研究，有利于教师改进教学，促进专业发展。

刘元满和刘路的专著《国际汉语教师教育课例研究》，以国际汉语教师教育课程为对象，开展课例研究，无疑是将课例研究引入了国际汉语教育研究领域，是在课例研究方面一次有益的尝试。

国际汉语教师教育是一个大的范畴，围绕此范畴可以从多个维度开设多门课程，目前各高校都是如此设置和安排的。本研究课题围绕北京大学自1986年开始招收本学科研究生时就设立的一门课程——“对外汉语教学理论与实践”而展开。时任北京大学汉语中心主任的林焘教授和执行主任潘兆明教授，组织多方反复讨论，最终定下此课程的名称，并且邀请对外汉语教学的鼻祖级教师邓懿、杜荣、姚殿芳等共同上课。多人共同承担授课任务的模式一直延续多年，中心的老教师们在此门课程中不断地向后学者传授着知识与智慧，直到2000年，此门课程改由年轻教师承担，刘元满是其中之一。

记得1990年前后，刘元满在北大读研究生期间，我任研究生班主任。为完成研究生教学实习及考察任务，我曾带该班研究生一同南下至复旦大学、华东师范大学、上海师范大学等院校考察、学习和座谈。访学活动开阔了研究生们的视野，增长了知识和才干。可以说，刘元满既是此门课程的受益者、实践者，更是开拓者。

自该课程设立算起，至今30多年过去了，对外汉语教学事业和学术的发展已经日新月异，不可同日而语，但是，此门课程依旧是北京大学研究生培养课程中的主干课程。虽然此课程的内容已经有了翻天覆地的变化，教学方法也随着时代的变迁而与时俱进，但是万变不离其宗，即，汉语作为第二语言教学的基本理论和教学实践始终是作为一名合格的国际汉语教师的必修课程和其一生的研修主题。由此，我们深切地感受到老一辈学者高瞻远瞩的眼光和深厚的学术功底。

如今，刘元满和刘路选择此课程进行课例研究，无疑是准确的、精当的。对该课程进行解剖研究，在国际汉语教育事业如火如荼的今天，在培养高素质的国际汉语教师的当下，其研究意义不言自明。

还要说明的一点是，在行动研究或者说课例研究中，对一门课程进行跨度5年的跟踪调查和研究，实属不易。将5年的教学过程、教学效果及教学思考较为全面地呈现出来，更是为教师教育研究提供了一个样本。作者在自序中谈到"希望这个研究范式能够为国际汉语教师教育研究带来一些新风，为教师教育的培养过程提供一些启示""本研究构拟出的教师教育课例模型能够为国际汉语职前教师的培养提供有价值的参考"。我想，这是本书读者的共同期望。

李晓琪

蓝旗营

2021年3月

自　序

北京大学对外汉语教育学院一方面承担留学生汉语教学任务，一方面肩负培养国际汉语教师的重任。学院学历教育为硕士和博士，主要培养能够从事对外汉语教学及相关工作的专门人才。“对外汉语教学理论与实践”课程自 1986 年开设研究生班起，至今一直是硕士研究生的必修课程。建课之初即采用“多人抬课”形式，由术有专长的研究生导师担任。随着学科的建设与完善，该课程所讲的内容不断分化到不同的课型中，导师人数越来越多，课型也越来越丰富，课程内容逐渐变得更加精准与深入。自 2010 年起，该课程同其他大多数课程一样开始整个学期由一人主讲，作为学术研究生的必修课，在学院所开设课程中占重要地位。

我 1988 年入北京大学对外汉语教学中心攻读硕士学位，“对外汉语教学理论与实践”是我们的重头课，由具有丰富教学经验的年长导师共同承担，学生们还可以到不同课型上去观摩，之后会独立承担一门课，一般会从听力课着手。这门课程有助于我萌生初步的学科意识，对汉语教学有更为深入的理解。2000 年开始我与几位年轻同事共同承担起这门课来，除了长期赴外任教两年外，基本上每年都承担讲授任务。可以说我对这门课的缘起和发展有着亲身的体验和切实的思考。

李晓琪老师是我读研期间的班主任，她带领我们在毕业实习期间到上海高校访问考察；我毕业留校后又作为她的词典编写团队成员，共同编写出我国第一部汉语学习者专用的《汉语常用词用法词典》；2000 年我参加她主持的国家汉办项目“关于二十一世纪中国对外汉语教学学科研究生培养的研究”，参考英语、日语第二语言教学状况，对我国对外汉语教学进行深入考察和研究，这一研究使得人们对学科的认识有了质的飞升，而我对研究生课程设置也有了较为清晰的思考。后来李老师担任学院常务副院长、院长多年，在我的教学工作、研究工作和社会工作方面都给予了极大的鼓励、支持和帮助。李老师为本书作序，不仅体现她一如既往的支持，同时也因她对国际汉语教师教育、学科建设人才培养长期关注并有深入研究，而提出其独到的见解。

作为职前教师教育课程的代表课程，这门课从建课开始到发展成熟，有着自己独特的运行轨迹。早年的课程由于处于学科发展刚刚起步时期，大家对于课程性质的认识还主要在于指导职前教师怎么教。那么随着学科逐渐发展和成熟，随着第二语言教学的研究成果逐渐丰富和深化，这门课程的性质也转向了培养职前教师的学科意识、教学意识和教学技能，是一种综合素质的培养。职前教师究竟基于什么样的起点开始学习，教师教育者授课过程中观念有着怎样的动态变化，课程结束时职前教师的教学意识达到了什么样的程度，课程设置是否能够满足本专业的总体要求，等等，这些问题都需要我们对实然的课堂进行全面观察与深入分析，并对课程主体——教师教育者及职前教师进行研究。由于这种研究受到多种条件的限制，同时学界尚未将课例研究作为一个新的研究范式，因此从教师教育角度对教师教育课程进行研究的还十分少见，研究方法上也还需要有所突破。

我的博士生刘路 2014 年入学前就已有丰富的教学经验，她学习质性研究课程，掌握了质性研究方法，我们就以“对外汉语教学理论与实践”这门课程作为研究对象，按照课例研究的普遍做法，共同展开教师教育课程的研究。在制订了较为周密的研究计划之后，2015 年春季我讲授该课程，开课伊始至课程结束，刘路以课程观察者的第三人身份进入课堂，运用课堂观察、课堂录音等方式，整整一个学期，全程跟踪观课，并适时对教师教育者和职前教师进行数次访谈。对课程的记录整理是个不小的工程，而对访谈的整理工作量同样巨大，刘路都任劳任怨不辞辛劳地认真完成。我们在 2017 年发表了初步研究成果，并在学院沙龙及北京大学暑期学校中分享过相关研究。

北京大学出版社汉语编辑室邓晓霞主任和宋立文副主任 2017 年在了解到我们的研究设想及部分研究结论后，对于该研究选题及研究方法予以充分肯定，当即同意签约出版，然而我们却未能如期交付书稿，主要原因在于这门课程所具有的特殊性。我们先期已经构拟出教师教育课程的模型，但是在我自己的课堂上却未能完全实现。为此，在课例模型指导下，我对课程进行了改进，增加了缺失的部分，调整了一些内容，并在职前教师的教师角色认知和教学信念形成的培养方面加大力度。由于该课程只在每年春季开设，而所做的课程调整和改革的教学效果需要时间检验，因此书稿的提交一推再推，到 2018 年刘路毕业工作时也还是没能杀青。

2018、2019 年连续两年的课程修正及获得的数据对于我们的研究起到了充分的验证作用。非常感谢出版社的宽容和两位主任的耐心，使本课例研究成为跨度 5 年的持续性跟踪研究，这样的研究在汉语国际教育学界还并不多。

我们希望这个研究范式能够为国际汉语教师教育研究带来一些新风，为教师教育的培养过程提供一些启示。我们也希望，本研究构拟出的教师教育课例模型能够为国际汉语职前教师的培养提供有价值的参考。

本研究也可算是对一门课程进行跨度 20 年的总结尝试。将教学过程、教学效果及教学思考较为全面地呈现出来，能为教师教育研究提供一个可供品评的样本，我们感到十分欣慰。我们深知会有很多不成熟不完善之处，我们将虚心接受业内评判，文中舛误都由我本人承担，衷心希望得到业内同行的批评和指正。

刘元满

2021 年 2 月

目　录

绪　论　国际汉语教师教育课程发展概述

第一节　国际汉语教师教育课程沿革

1.1　早期对外汉语教学师资状况

自20世纪50年代开始，中国高校面向外国人开设汉语课程。根据北京大学官网(2010)介绍，从师资情况看，对教师的遴选是比较严格的，“清华大学东欧留学生中国语文专修班”的“管理者和教师阵容十分强大，著名物理学家周培源兼任班主任，著名语言学家吕叔湘担任外籍学生管理委员会主席，曾在美国拥有教授外国人汉语经验、担任过赵元任先生助手的邓懿负责专修班的教学工作。由于对外汉语教学人才的稀缺，专修班还通过考试招聘了部分教员，其中包括当时清华大学外文系的学生熊毅、钟棱等。为了保证教学质量，招考教员经过了严格审核，应考者须在汉语语音、语法、一般文化知识和外语诸方面都合乎条件，方能被录用”，到1952年成立“‘北京大学外国留学生中国语文专修班’，原有的师资力量也转移至北大，主任仍由周培源兼任，另由语言学家郭良夫担任副主任兼教研室主任，邓懿任教研室副主任。另外北大还从自身的师资力量中抽调了部分老师充实进来，如由北大中文系著名的语言学家周祖谟担任教员，参与编写教材，并安排张道谦、许维翰两位同志负责留学生的生活”。50年代初至60年代初，主要从中文系、外语系抽调教师担任专职老师。从教学机构来看，最初是在高校中设置部门，1962年成立外国留学生高等预备学校，

1964年改名为北京语言学院，专门从事对外汉语教学与研究工作。1965年夏，全国有20多所著名高校承担了对外汉语教学任务。从师资情况来看，除了各高校自己选调教师外，从1961年起，高教部从北京大学等11所重点大学的中文系选拔35名优秀应届毕业生作为储备出国汉语师资，到北京外国语学院或北京大学进修三年外语，至1964年共培养了四批计150多人，充实到各高校教学第一线，极大地推动了汉语教学的发展。

70年代中期对外汉语教学逐步复苏，带来了更多的教师需求。1978年，北京语言学院开设现代汉语专业本科，学制4年，专门培养汉语教师、汉语翻译和其他汉语工作者。1980年，华东师范大学暑期短训班在教学理论、汉语要素教学及教学方法方面对汉语教师进行针对性培训。随着留学生人数的迅速增加，一些高校为培养师资、提高教学质量，陆续对汉语教师展开培训。一批批汉语教师前往这些院校学习，经过培训，增强了理论指导，提高了业务素质，教学质量有了极大改善，学科意识也逐渐浓厚起来。

1.2 对外汉语教学职前教育发展

早期的汉语师资主要来自现代汉语或者外语相关专业，从面向汉语母语者教学转向面向非汉语母语者教学，所教内容和使用方法都有很大不同，这对教师来说是一个考验，需要进行调整和改进。《新中国来华留学教育的发端：记“北京大学外国留学生中国语文专修班”》(2010)中提到钟梫谈那时的教学：“说实话，这一批留学生刚来的时候，除了邓懿、杜荣有经验，我们谁也没干过这事，哪有什么依据？如果说有，那就是邓懿和杜荣从国外学来的那一套，但实际上不完全适用，教学背景、对象、目的都不同。”同样是教外国人，目的语环境和非目的语环境中的教学还是有不同的。教师们通过不断摸索和积累，逐渐找到一些适合目的语环境的教学模式和教学方法。

1961年设置的储备出国汉语师资，也还是从大学里的中文系选拔出来再送去进修3年外语。70年代中期，教师主要是在上岗以后通过培训方式来了解对外汉语教学方面的知识，把握对外汉语教学的特点，提高对外汉语教学质量。在对外汉语教学方向或专业的本科、硕士等学历教育设置后，对外汉语教学的职前教育才真正得以展开。

1983年北京语言学院开设对外汉语教学专业，学制与1978年开设的现代汉语专业有所不同，这是一个5年制本科，在外语方面加大了培养力度。1985年华东师范大学、上海外国语学院、北京外国语学院也开设了对外汉语教学本科专业，不过都是4年制。1986年北京语言学院设置对外汉语专业方向硕士学位，北京大学开设对外汉语专业方向研究生班（次年改为硕士学位），此后各高校纷纷开设对外汉语教学方向硕士学位课程。不仅师资队伍来源有了保证，汉语教学水平有了提升，在学科建设方面更是做出了积极贡献。

最初"对外汉语教学"只是一个研究方向，设在一级学科"中国语言文学"下的二级学科"现代汉语"之下[《中国授予博士、硕士学位和培养研究生的学科、专业总览》（以下简称《总览》）]。1997年《总览》进行了学科调整，二级学科"语言学及应用语言学"从原来的一级学科"外国语言文学"之下调整到了一级学科"中国语言文学"之下。各院校也随之进行相应调整，但这种变化是渐变的。赵金铭（2019）谈到1998年6月北京语言文化大学被增列为博士学位授予单位，在"语言学及应用语言学"二级学科下招收对外汉语教学方向博士生，同时设立硕士学位授权点。李晓琪等（2002）曾对1998年国内开设对外汉语教学方向的9所高校的硕士招生情况进行过考察，4所学校相应定位到"语言学及应用语言学"下，当年新开设该方向的1所学校也放在"语言学及应用语言学"下，而北京语言文化大学、中国人民大学对外语言文化学院、北京大学对外汉语教学中心、天津师范大学等4所学校则仍继续保留在"现代汉语"专业下。后来除了中国人民大学对外语言文化学院合并到文学院外，北京语言大学、北京大学对外汉语教育学院（原对外汉语教学中心）以及天津师范大学国际教育学院均陆续调整到“语言学及应用语言学”专业之下。

李晓琪等(2002)也考察了各高校对外汉语教学硕士课程情况，根据课程性质分为语言学理论、语言教学与实践、对外汉语教学理论与实践、文化四大板块，那些课程设置良好的学校“既能突出对外汉语教学的学科特点，又能做到课程体系的系统性和科学性，为培养高层次人才提供了课程方面的保证”，究其原因，“这些院校多年从事对外汉语教学理论和实践的研究，积累了丰富的教学与科研经验，并形成了较雄厚的师资力量”。由此可见，要提升研究生教学质量，就必须在教学与科研方面增加积累，同时在师资力量培养方面倾注心力。

“对外汉语教学理论与实践”类课程突出体现了学科特点，是高校硕士课程的重点课程，不仅开设院校多，而且占课程总数比例相当大。在上述 9 所院校中，属于这类课程的具体课目有“对外汉语教学概论”“对外汉语教学课程研究”“对外汉语教学法研究”“对外汉语教学方法论”“对外汉语教学理论与实践”“对外汉语教学理论设计”“对外汉语教学教材研究”“汉语测试的开发与应用”等。

伴随着对外汉语教学事业的发展与壮大，汉语第二语言教学作为学科也逐渐实至名归。除了传统的学术型硕士培养之外，重在培养实践能力的专业学位也提上日程。2006 年 10 月，“对外汉语教学硕士专业学位论证”专家小组工作会议在京召开[①]，2007 年起即有高校开设了汉语国际教育专业硕士学位，初期为 3 年制(后来不少高校改为 2 年制)。自此，很多高校同时开设两类培养对外汉语职前教师的专业，一类是在语言学及应用语言学(或汉语言文字学)专业下开设对外汉语教学方向的学术型硕士学位课程，一类是在汉语国际教育专业下开设专业型硕士学位课程。

语言学及应用语言学专业的学术型硕士学位培养方案主要由高校自己制定，而汉语国际教育专业硕士学位培养方案则受全国汉语国

① 会议消息见《云南师范大学学报(对外汉语教学与研究版)》，2007 年第 1 期。

际教育专业学位研究生教育指导委员会(以下简称教指委)指导。根据两个专业培养目标的描述,学术型硕士侧重于研究能力的培养,而专业型硕士侧重于教学能力的培养。总体来看,对外汉语教学职前教师的培养从研究型转向研究型和职业型并举。

尽管两个专业的培养方案描述上有区分,培养目标也有所侧重,但在实际培养过程中,这两个专业常常是设在同一院系的,任课教师区分并不严格,常常同一个老师承担两个专业的相似课程,有的高校还会把一些课程打通,允许两个专业的学生合并上课。曾几何时,这两类学生的培养应该"趋同"还是"求异"成为争议话题,不仅学界多次召开专门会议进行讨论,还有为数众多的文章也各抒己见。教指委2017年甚至专门设置"汉语国际教育专业学位研究生教育研究课题"予以资助。尽管有不同看法,但两个专业都需要掌握汉语教学能力,在这一点上,人们的认识还是一致的。

如前所述,北京大学对外汉语教学中心[①] 1986年在汉语言文字学专业下设置对外汉语教学方向研究生班,次年起招收硕士学位生,这一状况一直持续到2016年才调整到语言学及应用语言学专业[②]之下。这是由于对外汉语教育学院2006年起即招收语言学及应用语言学专业的博士生,学术型硕士与学术型博士专业不对应的状况持续了10年后终于理顺。

2006至2008年北京大学对外汉语教育学院与中文系联合开设了对外汉语教学师资班,目标即培养汉语教学师资,该项目招收了三届后终止。自2009年起,对外汉语教育学院独立招收汉语国际教育专业学位硕士生,开始了学术型硕士和专业型硕士并行培养的时期。不过,从培养目标和设置课程来看,二者似乎并无本质差别。

---

① 1984年成立,1995年一度更名为北京大学海外教育学院,2002年更名为北京大学对外汉语教育学院。

② 2018年起学术型硕士停招,其名额全部置换为博士名额,博士学位设在语言学及应用语言学之下。

1.3 专业课程设置考察

1.3.1 本科阶段的课程设置考察

在讨论硕士课程设置之前，我们有必要对本科课程进行考察，从而了解硕士研究生的知识结构基础，课程设置也才能更具针对性。我们调查了 14 所本科院校（学生 2013 年入学、2017 年毕业）所开设的相关课程[①]。我们发现课程主要是文学与语言基础课，教学重心为通识教育，学科课程和教育类课程开设都不多，而且各校差异也很大。与教学相关的必修课程或限选课程见下表。

表 1　14 所高校 2017 届本科毕业生所修教学相关的必修或限选课程

学校名称	课程名称
北京外国语大学	对外汉语教学法
	对外汉语词汇教学研究与实践
	对外汉语教学概论
	对外汉语要素教学
辽宁大学	对外汉语教学通论
	对外汉语课堂教学概论
南京师范大学	对外汉语专业导论
	对外汉语教学概论
	对外汉语教学见习
	语言技能教学
	语言要素教学
郑州大学	第二语言教学概论
	对外汉语教学案例
湖南师范大学	对外汉语教学概论
	对外汉语语音教学
	对外汉语语法教学
	对外汉语词汇教学
	汉字解析与教学
	对外汉语教学案例分析
西南交通大学	对外汉语教学概论
	对外汉语教学实践
	对外汉语课堂教学设计和方法
	师范技能
中央民族大学	对外汉语教学法
	对外汉语教学概论

① 课程信息源自北京大学对外汉语教育学院 2016 级推荐免试研究生申请时提交的本科成绩单，排除了本科阶段为非汉语国际教育专业的学生。

续表

学校名称	课程名称
南京大学	对外汉语课堂教学理论与方法
	对外汉语教学概论
山东大学	汉语国际教育导论
	汉语课堂教学设计
	汉语作为第二语言教学法
	汉语教学案例分析
四川大学	对外汉语教学概论
北京语言大学	第二语言教学概论
	对外汉语课堂教学方法（一）（二）
山东师范大学	对外汉语教学概论
	对外汉语教学语法
	微格教学与模拟授课
	对外汉语教学法
	课程与教学论
西安外国语大学	对外汉语语法教学
	对外汉语语音教学
	对外汉语词汇教学
	对外汉语教学概论
华中科技大学	对外汉语教学概论

共有 44 门课程与汉语教学相关，大部分课程都开在高年级阶段，其中有 1 所学校一门课分两个学期上。根据课程主题，我们将其分为 9 种类型，开设学校情况见下表。

表 2　教学类课程名称分类及开设情况

课程名称及类别	开设课程数
对外汉语教学概论	14（其中第二语言教学概论 2，对外汉语教学通论 1，汉语国际教育导论 1）
对外汉语教学法	4（其中汉语作为第二语言教学法 1）
对外汉语要素教学	11（含单独开设的汉字、语音、词汇、语法课程）
语言技能教学	1
课堂教学相关课程	对外汉语课堂教学概论、对外汉语课堂教学理论与方法、汉语课堂教学设计、对外汉语课堂教学设计和方法、对外汉语课堂教学方法各 1
对外汉语教学案例分析	3

续表

课程名称及类别	开设课程数
对外汉语专业导论①	1
课程与教学论	1
实践类课程	对外汉语教学见习、对外汉语教学实践、师范技能、微格教学与模拟授课各 1

从以上情况来看，所有高校都开设了“对外汉语教学概论”课（其中 1 所学校叫“导论”，1 所学校叫“通论”），但其他课程开设情况不一。有的高校开设相关课程相对较多，有的高校只有一两门概论性课程；有的课程类别仅限于一所高校。

4 所学校开设了“对外汉语教学法”；5 所学校开设了“对外汉语要素教学”课，有的学校还细化为汉字、语音、词汇、语法课程；3 所学校开设了“对外汉语教学案例分析”。5 所学校开设了课堂教学相关课程，但课程名称不尽一致，如“对外汉语课堂教学概论”“对外汉语课堂教学理论与方法”“汉语课堂教学设计”“对外汉语课堂教学设计和方法”“对外汉语课堂教学方法”，另有约 2/3 的高校没有开设这类课程，反映出课堂教学类课程从内容到任务都还未成为本科阶段的重点课程。从教学实践来看，只有 3 所学校提供了实践类课程，说明对本专业实践性特点的认识在本科阶段并不一致。

1.3.2 学术型硕士相关专业及课程设置情况

为了掌握全国高校对外汉语教学方向的研究生招生情况，我们考察了北京大学自 2013 年起举办的主要面向全国汉语第二语言教学相关专业在校研究生的暑期学校“对外汉语教学暑期高级研讨班”的生源情况。该研讨班招生对象包括汉语言文字学、汉语国际教育、语言学及应用语言学等相关专业的学生，报名人数连年上升，2017 年报

① 该校既开设了“对外汉语教学概论”，又开设了“对外汉语专业导论”，是不一样的课程，故单独设为一类。

名 600 余人，其中约有半数为汉语国际教育专业硕士。33 所大学在不同院系共开设了 52 个对外汉语教学方向的学术型硕士专业①，如语言学及应用语言学（对外汉语教学方向）、第二语言习得、汉语言文字学、语言测试、对外汉语、对外汉语教学、海外华语及华文教学、课程与教学论（汉语国际教育）、中国语言文学（语言学及第二语言教学）、汉语国际传播等，培养教师是这些专业的共同目标。专业设置情况见下表。

表 3　高校汉语第二语言教学相关专业设置

序号	高校	院系	专业
1	北京大学	对外汉语教育学院	语言学与应用语言学
2	北京外国语大学	中文学院	语言学及应用语言学
3	北京语言大学	对外汉语研究中心	第二语言习得
			语言学及应用语言学
		人文与社会科学学部	汉语言文字学
			课程与教学论
		人文学院	汉语言文字学
		语言康复学院	课程与教学论
			语言学及应用语言学
		语言科学院	语言测试
			语言学及应用语言学
4	东北师范大学	文学院	对外汉语
			汉语言文字学

① 有的高校在同一个学院开设了不同专业，如黑龙江大学文学院开设了汉语言文字学和语言学及应用语言学专业；有的高校在不同学院开设了同一个专业，如华中师范大学分别在语言研究所和文学院开设了语言学及应用语言学专业；还有的高校在不同学院开设了不同的专业，如辽宁师范大学文学院开设汉语言文字学，国际教育学院开设课程与教学论。

续表

序号	高校	院系	专业
5	广西大学	文学院	语言学及应用语言学
6	广西师范大学	文学院	语言学及应用语言学
		中文系	语言学及应用语言学
7	黑龙江大学	文学院	汉语言文字学
			语言学及应用语言学
8	湖北师范大学	文学院	语言学及应用语言学
9	湖南师范大学	国际汉语文化学院	对外汉语(华文教育)
10	华东师范大学	对外汉语学院	语言学及应用语言学
11	华南师范大学	文学院	汉语言文字学
12	华中师范大学	语言研究所	对外汉语教学
			语言学及应用语言学
		语言与语言教育研究中心	汉语言文字学
		文学院	对外汉语教学(学硕)
			语言学及应用语言学
13	暨南大学	华文学院华文教育系	海外华语及华文教学
		华文学院	语言学及应用语言学
14	辽宁师范大学	文学院	汉语言文字学
		国际教育学院	课程与教学论(汉语国际教育)
15	南京师范大学	国际文化教育学院	对外汉语教学
16	南通大学	文学院	语言学及应用语言学
17	宁夏大学	人文学院	汉语言文字学
18	清华大学	中文系	汉语言文字学
19	曲阜师范大学	文学院	语言学及应用语言学
20	山东大学	国际教育学院	对外汉语

续表

序号	高校	院系	专业
21	山东师范大学	文学院	语言学及应用语言学
22	陕西师范大学	国际汉学院	语言学及应用语言学
		文学院	语言学及应用语言学
23	上海师范大学	对外汉语学院	语言学及应用语言学
24	四川大学	文学与新闻学院	语言学及应用语言学
25	四川师范大学	文学院	语言学及应用语言学
26	天津师范大学	国际教育交流学院	语言学及应用语言学
27	武汉大学	文学院	对外汉语教学
28	云南大学	文学院	语言学及应用语言学
29	长春理工大学	文学院	中国语言文学(语言学及第二语言教学)
30	浙江师范大学	国际文化与教育学院	汉语国际传播
31	郑州大学	文学院	语言学及应用语言学
32	中国传媒大学	文法学部	语言学及应用语言学(对外汉语教学方向)
33	中央民族大学	国际教育学院	汉语国际教学
		少数民族语言文学系	语言学及应用语言学

为了达到培养教学能力的目标,教学技能训练课程必不可少。很多高校开设了教学技能训练相关课程,诸如“教学组织与管理”“课堂观察与实践”“教学调查与分析”“教学测试与评估”“课程设计与管理”等,与前文所述本科课程相比,更为深入和具体,突出了专业特点。不过由于一些课程之间缺乏衔接和梳理,教学内容会出现一些交叉和重复。

1.3.3 汉语国际教育课程设置状况

2017 年全国有 110 所高校招收汉语国际教育专业硕士研究生。

如果说本科阶段的任务主要是基础教育、通识教育，那么研究生阶段则需要加强学科教育和教师教育。教指委《全日制汉语国际教育硕士专业学位研究生指导性培养方案》(2009)中指出，汉语国际教育硕士专业学位直接将学位与教师职业挂钩，“是与国际汉语教师职业相衔接的专业学位”，“主要培养具有熟练的汉语作为第二语言教学技能和良好的文化传播技能、跨文化交际能力，适应汉语国际推广工作，胜任多种教学任务的高层次、应用型、复合型、国际化专门人才”，这就要求研究生阶段要特别注重教学能力的培养。

教指委的培养方案“以实际应用为导向，以国际汉语教师的职业需求为目标，围绕汉语教学能力、中华文化传播和跨文化交际能力的培养，形成以核心课程为主导、模块拓展为补充、实践训练为重点的课程体系”。课程类型分为核心课程、拓展课程、训练课程 3 种，另外有教学实习和学位论文。

1. 核心课程：重在提升学生的汉语教学技能、文化传播技能、跨文化交际能力

(1)学位公共课程

(2)学位核心课程

汉语作为第二语言教学、第二语言习得、国外汉语课堂教学案例、中华文化与传播、跨文化交际

2. 拓展课程

(1)汉语作为外语教学类

汉语语言要素教学、偏误分析、汉外语言对比、课程设计、现代语言教育技术、汉语教材与教学资源

(2)中华文化传播与跨文化交际类

中国思想史、国别与地域文化、中外文化交流专题、礼仪与国际关系

(3)教育与教学管理类

外语教育心理学、国外中小学教育专题、教学设计与管理、汉语国际推广专题

3.训练课程

教学调查与分析、课堂观察与实践、教学测试与评估、中华文化才艺与展示

从以上设置我们可以发现，尽管核心课程将“提升学生的汉语教学技能”作为一个重要目标，但从课程名称看，用以提高教学能力的课程并不太多。

我们考察了 2014 年 52 所高校汉语国际教育专业的培养方案，各高校关于培养目标的描述与教指委培养方案基本一致，不过有个别院校做了一些调整，如：

北京师范大学、上海大学：“按照实践性、复合型、国际化的人才培养要求，培养适应能力强、有较全面的实用教学技能的国际化汉语教师；把外语能力、汉语知识、文化素养和教学技能有机地结合起来，突出实用性，课堂教学与社会实践并重，汉语外语并重，适当加入中华才艺等技能性课程；毕业后能在各级各类学校、教学机构从事汉语教学，也能在政府部门、公司或企业等机构从事与汉语或中华文化相关的工作。”

中国传媒大学：“本专业教学以培养汉语作为第二语言以及汉语作为外语的语言教学能力为主，同时注重培养外语交际能力和文化传播能力。采用课堂学习与海内外教学实习相结合的培养方式，使学位获得者具有扎实的汉语言文化知识、熟练的汉语作为第二语言/外语的语言教学能力、较高的外语水平和较强的跨文化交际能力。”

华南师范大学：“与国家文化‘走出去’战略和汉语国际推广现有项目紧密结合，强化实践环节，培养职业化、国际化、复合型

的汉语教育人才。培养的学生既可以从事海外汉语国际推广工作,也可以成为国家对外交往的储备人才。"

显然以上高校把培养目标与社会需求相结合,毕业后的适应面更广一些。

1.4 学术型硕士与专业型硕士的共性与个性

如前文所述,学术型硕士和专业型硕士尽管培养方案上有区别,但实际上在培养过程中师资力量并没有本质不同,两类课程往往是一套人马两边上课,有的课程干脆是混合上课的。有学者将目光转向英语第二语言教学,试图从中寻找一些可借鉴之处。李晓琪(2011)考察美国 10 所大学和英国 5 所大学英语第二语言教学专业(TESOL)硕士课程设置后,认为语言类课程应该是基础必修课程,"汉语教学理论与实践"类课程应强调其应用性,而且需要关注教师发展研究。潘玉华(2015)分析了澳大利亚、美国和中国的标准,并考察了美国 15 所大学 TESOL 专业的课程设置,提出了国际汉语教师素质的"三元"(知识元、能力元、专业发展元)理念。

从培养目标来看,无论是学术型还是专业型硕士,其教学能力的培养都是必不可少的,教学能力是基本功,需要花大力气进行设计并有效指导。

第二节 北京大学国际汉语教育课型设置沿革

2.1 对外汉语教学方向硕士学位课程设置

北京大学对外汉语教学工作是自 1952 年清华大学东欧交换生中国语文专修班调整到北京大学之后开展起来的,最早是作为留学生行政组织之下的一个教研室,针对留学生进行汉语教学工作,师资主要是从中文系或外语系调配过来的,教师主要通过在岗学习提高业务能力，职前教师的培养一直到1984年10月对外汉语教学中心（惯称“汉语中心”）成立之后才提到议事日程上来。中心成立时只有20位教师，他们从中文系和外语系抽调出来，其中有4位教师为高级职称，包括同时仍在中文系任教的林焘主任。初建时工作重点主要是完善教学组织，提高教学质量，编写急需的教材，同时也积极筹备招收研究生工作。

1986年9月，汉语中心开设现代汉语专业对外汉语教学研究方向研究生班，学制2年，毕业两年后提交硕士论文申请学位。研究生班招收学生7名，但只招收了一届，1987年9月，汉语中心即在现代汉语专业对外汉语教学研究方向下招收首届硕士研究生5名，学制3年，毕业即获得硕士学位。

汉语中心早期的研究生课程设置特别重视语言研究基础，但也突出了学科特色，经反复讨论，确定了几门特色主干课程，其中之一为“对外汉语教学理论与实践”。由于对外汉语教学方向的研究生课程都是在摸索中前进，汉语中心与北京大学中文系以及北京语言学院之间有不少课程是共享的。有些语言学课程要到北京大学中文系去修，外校考来的学生还要重修中文系本科“现代汉语”“古代汉语”和“语言学概论”，而有些对外汉语教学课程则要到北京语言学院去修。研究生人数不多，第一年就开始观摩课堂，第二年作为教学实践，都要走上讲台独立授课。

1995年，汉语中心更名为海外教育学院，对外汉语教学学科得以进一步发展，研究生招生规模也比过去扩大，研究生教学自主性课程大为增加，但一些语言本体课程仍到中文系共享，来自地方院校的学生仍要补修中文系本科的那三门课程。1998—2000年，国家汉办提供经费支持了一批研究项目，其中北京大学海外教育学院教师李晓琪组织的团队以“关于二十一世纪中国对外汉语教学学科研究生培养的研究”为题获得支持，这是对外汉语教学学科首次将职前教师培养作为专门课题进行研究。该项目成果《英语 日语 汉语第二语言教学学科研究》一书的出版，推动了学科理论的建设，也对课程的设置给予了理论指导。学院据此进行了课程结构调整，对课程的教学任务也有了更为清晰的认识。学院此时师资力量不断培养和壮大，已经完全能够根据学科特点自主为研究生开设课程，课程设置也得到较为科学的规划和调整，一些交叉和重复性课程得以合并，一些教学内容则被分化出来独立设课，如语言教学理论分到了对外汉语教学概论类的课中，而语言要素教学也细化为汉字教学、语音教学、词汇教学、语法教学等，作为单独的课程开设出来。

2.2 “对外汉语教学理论与实践”课程设置

自汉语中心招收研究生开始，“对外汉语教学理论与实践”课即为必修课，由几位教学经验十分丰富的老师分工合作授课，内容相对集中在语言要素方面，教师讲完自己的部分即可，彼此之间关系比较松散。随着学科建设的发展，研究领域逐渐清晰，课程分野也就更为明确。2000 年起这门课程进行了彻底的改革，内容涉及学科理论、教学法、语言要素教学、技能教学、语言测试等，课程也由本专业成长起来的几位年轻教师合作完成。最初分为五段，由 5 名教师分段授课，逐渐减到 4 人、3 人、2 人，2010 年起则由 1 名教师独立授课。

如果以授课内容和形式来区分，这门课程自 2000 年改革之后的发展可以分为以下三个阶段：2000—2009 年为第一阶段，2010—2014 年为第二阶段，2014 年以后为第三阶段。

1. 第一阶段（2000—2009 年）

20 世纪 90 年代，学界关于学科特点展开了热烈的讨论，认识到学科内容应该包含的内容很多，但研究生培养的课程设置并未同步细化，因此这门课便承担了不少内容，包罗万象。课程目标重在培养学生学科意识和教学技能。课程采用多人共同授课方式，由 3 至 4 名教师根据个人研究领域分段授课，教学计划由任课教师共同拟定。以 2004 年课程大纲为例：

第一讲 汉语教学(教师 A)

第一节 汉语教学的学科理论及基本原则

1. 对外汉语教学的基础理论
2. 对外汉语教学的教学理论
3. 汉语作为第二语言教学的基本原则

第二节 初级汉语教学的特点和目标

1. 初级汉语教学的特点
2. 初级汉语教学的目标

第三节 初级汉语语音教学

1. 语音教学的必要性
2. 语音教学的内容
3. 语音教学的标准和原则
4. 语音教学的方法

第四节 初级汉语汉字教学

1. 汉字的特点
2. 汉字的难点
3. 汉字教学的原则
4. 汉字教学的内容
5. 汉字教学的方法

第五节 中高级汉语教学的特点和目标

1. 中高级汉语教学的特点
2. 中高级汉语教学的目标

第六节 中高级汉语词汇教学

1. 中高级词汇教学的任务
2. 中高级词汇教学的内容
3. 中高级词汇教学的方法

第七节 中高级汉语语法教学

1. 中高级语法教学的任务

2. 中高级语法教学的内容

3. 中高级语法教学的方法

第八节　中高级篇章教学

1. 中高级篇章教学的紧迫性

2. 中高级篇章方面的偏误

3. 中高级篇章教学的内容

4. 中高级篇章教学的方法

第九节　中高级修辞教学

1. 中高级修辞教学的紧迫性

2. 中高级修辞方面的偏误

3. 中高级修辞教学的内容

4. 中高级修辞教学的方法

第十节　语法理论、语法分析方法在中高级教学中的应用

1. 语法理论的应用

2. 语法分析方法的应用

第二讲　测试(教师 A)

第一节　测试概述

1. 测试的作用

2. 测试的主要种类

3. 其他类别的测试

第二节　听力测试

1. 影响听力测试的因素

2. 听力测试的考核目标

3. 听力测试的方法

第三节　阅读测试

1. 阅读测试的考核目标

2. 阅读测试的方法

第四节　口语测试

1. 口语测试的特点

2. 口语测试的目标

3. 口语测试的方法

第五节　写作测试

1. 写作测试的特点

2. 写作测试的方法

第六节　命题的质量和要求

1. 命题工作的重要性

2. 衡量试卷的基本指标

第七节　主观性试题的特点

1. 主观性试题和客观性试题

2. 主观性试题的优点

3. 主观性试题的缺点

4. 主观性试题的采用

5. 主观性试题的编制

6. 主观性试题的客观化

第三讲　口语教学(教师 B)

第一章　口语教学基本理论与发展状况

第一节　口语教学基本理论

1. 口语是什么

2. “说”与其他技能的关系(口语课与其他课型的关系)

3. 影响口语教学的因素

第二节 我国对外汉语教学中教学目的的变化

1. 70 年代前的教学目的与口语教学

2. 70 年代后的教学目的与口语教学

第三节　教学理论与口语教学

1. 外语教学理论的发展脉络

2. 翻译法和直接法的得失

3. 国内按技能设课型的过程

第四节 初、中、高各阶段口语教学的关系

第二章 初级口语教学

第一节 初级口语的界定和教学目标

1. 初级口语水平的目标

2. 初级口语教材中的课文分析

第二节 样本:学生语料分析(2004 年 3 月分班考试录音)

第三节 初级口语的教学方法

试讲及评价(各个环节,侧重传授教学经验、口语课上语言要素的处理方法和技巧)

初级上册(6 人)、初级下册(7 人)

第三章 中高级口语的界定和教学目标

第一节 中高级口语的性质

1. 中高级口语教学特点

2. 中高级阶段常用的教学方法

第二节 中高级的课堂活动

1. 中高级课文分析及环节安排

2. 中高级口语教学观摩片讨论

试讲及评价(并设计一节与课本无关的教学计划)

中级上下册(6 人)、高级上下册(7 人)

第四讲 阅读教学理论(教师 C)

第一节

1. 引言及阅读理论模型 · 过程模型

2. 阅读理论模型 · 因素模型

第二节

1. 学生在课堂上对所读材料进行评论,教师提供反馈。

第一章第三节

2. 第一章第四节，第二章第一节

第三节

1. 第二章第二节，第三节“总体要求”，学生介绍自己选文的标准

2. “多项选择题、判断正误题、问答题、信息转换题”，学生根据讲授内容对自己所设计的练习进行修改

第四节

1. 评论学生所设计的练习以及对教材进行的分析

2. 对讲授内容进行整体回顾

从以上教学计划可以看出，老师们的编排格式都不一样，但内容是互补的，涉及汉语语素教学，包括语音、汉字、词汇、语法、篇章、修辞等内容；技能教学，以口语和阅读为主，教学法穿插其间；语言测试，包括测试的种类、不同技能的测试以及编制原则等。教学实践体现在口语和阅读部分，将口语课作为试讲课型，是因为对职前教师来说容易上手，阅读课的实践为尝试选文和设计练习。进入课堂观摩课程采用开放形式，学生在进行“试讲”前可以随时到留学生课堂上听课观摩。这样宽松的环境主要得益于留学生课程班级比较多，而研究生长期以来为 9 人，人数不多，观摩时不至于影响留学生课堂教学。

随着学科发展，研究领域扩大，研究生课程设置也随之细化，汉语第二语言语音研究、汉字研究、词汇研究、语法研究，汉语第二语言习得研究，汉语第二语言测试研究等内容都分化出去，“对外汉语教学理论与实践”课程得以瘦身减负，而集中于教学理论、教学技巧和教学实践方面，由两位教师分别授课。教学内容除了教学理论和教学原则外，主要为语言要素教学和技能教学，教师分工后各自讲授，自由度比较大。这种由两位教师共同讲授的形式持续到 2010 年。

2. 第二阶段（2010—2014 年）

一些内容分化到其他课程中，在课堂观摩方面进行规范，采用单人

独立授课方式，重在培养学生语言要素和语言技能方面的教学能力。

2010年，一位教师因故停上该门课程，该课由另一人独立承担。课程的大纲和内容便有了较大调整，对学生的要求也更为具体，该年度课程教学计划制订如下：

课程要求：本课程2010年3月1日起开课，每周两次4课时，共16周。授课期间，学生可以旁听学院教师讲授的课程，按课型做一个听课计划，一个周期结束后形成一个听课报告。（建议听课类型及教师另行通知）

本课程有试讲环节，通过前一阶段的学习之后选择综合、口语、听力等课程进行备课试讲。每周4人，分组准备教案，每人试讲30分钟＋点评讨论20分钟＝50分钟。

考核方式：本课程考试成绩分为两部分：试讲30％＋课程论文70％＝100％。

表4　2010年课程计划

时间	内容	备注
第一周 3.1—3.5	汉语教学的基础理论及汉语教学模式 一、汉语教学的基础理论 二、汉语教学模式及影响语言教学的因素	
第二周 3.8—3.12	汉语教学的主要原则及教师的教学意识 一、汉语教学的主要原则 二、教师的课堂教学意识	
第三周 3.15—3.19	综合课教学 一、综合课教学的性质与特点 二、综合课教学方法	

续表

时间	内容	备注
第四周 3.22—3.26	口语教学 一、口语教学的性质与特点 二、口语技能训练方法	
第五周 3.29—4.2	听力教学 一、教学理论与教学原则 二、听力技能训练方法	
第六周 4.5—4.9	阅读教学 一、教学理论与教学原则 二、阅读技能训练方法	
第七周 4.12—4.16	写作教学 一、教学理论与教学原则 二、写作技能训练方法	
第八周 4.19—4.23	课堂教学分析 一、课堂录像观摩与分析(1) 二、课堂录像观摩与分析(2)	
第九周 4.26—4.30	新老教师的差异及学生反馈意见分析 一、新手教师与经验型教师的差异 二、学生关注的因素及反馈意见分析	
第十周 5.7	听课报告 4 人(初中级)	五一节放假,该周只有一次课 撰写听课笔记、点评、讨论
第十一周 5.10—5.14	听课报告 5 人+5 人(中高级)	每次 5 人,每人平均报告 15 分钟+讨论 5 分钟
第十二周 5.17—5.21	教学计划与教案编写 一、教学计划 二、教案编写	

续表

时间	内容	备注
第十三周 5.24—5.28	教材与课程之间的关系 一、教材分析与合理使用 二、补充材料的选取 5月27号：初级汉语	5月27号开始试讲环节 撰写教案、讲授、点评
第十四周 5.31—6.4	6月1号：初级口语下册第四课 6月3号：初级语音、古代汉语	
第十五周 6.7—11	6月8号：中高级 6月10号：中级	
第十六周 6.14—18	6月15号：高级写作、高级综合	端午节放假，该周只有一次课
第十七周 6.21—6.25	停课考试	

从授课大纲中，我们可以看到该课程已经集中于教学理论、各语言技能教学、教案编写及教材使用等与课堂教学密切相关的内容上。对课堂观摩及教学实践也进行了细化设计，详细列出了“听课报告基本要求”[①]。主要涉及以下四个方面：

一、课程的基本信息

1.关于课程：

什么课型？什么水平的学生？教材是什么？教学进度如何？已学了几课？本节课讲什么？

2.关于学生：

哪些国籍？母语是哪些？班里人数及男女生比例是多少？学生水平是否一致？课堂表现是否活跃？

---

① 对外汉语教育学院与中文系2006—2009年联合举办的师资班“教学实践”课采用了为留学生授课的方式，为此制订过“听课报告基本要求”，本课程的“听课报告基本要求”参考了其中部分内容。

二、课堂活动观察

1. 课程的导入、呈现知识的过程和手段、师生及生生之间的互动、学生认知的态度和效果、阶段性小结与整节课小结等课堂教学场景。

2. 学生座位的排列、学生回答问题的次序和频率(是否偏爱某学生)、老师走动的规律、是否有少数学生垄断课堂现象。

3. 教师的体态语。包括目光、表情、手势、姿势、说话(语速、音量、有无口音和口头禅)、穿着、整体精神面貌等。

4. 板书和教学媒体的运用。板书是否分明、清晰、简洁？是否有利于引导学生由形象思维向抽象思维过渡？多媒体教学手段是否适当？

5. 课堂气氛。是否轻松愉快、和谐融洽？能否激发学生的潜能和学习兴趣,树立学习信心？教师是否善于利用学生的课堂意见、问题答案等来引导课堂讨论？教师通过何种方式让学生积极参与到教学活动中？

6. 教学细节。个人举止行为是否含有教学意图？文化如何渗入语言？

三、对教学的思考

1. 教师控制和驾驭课堂的本领。主要包括组织教学、控制节奏、控制学生的活动、控制教学的内容等。

教师怎样讲授语言点？该课应达到什么目标,实际达到没有？学生是否明白该节课的目的、方式、具体操作步骤和活动的时间以及需要注意的事项？

2. 怎么导入？如何安排课堂活动？如何利用教材？介绍内容的方式有哪些？

3. 怎样对待学生错误？有错必纠还是放任不纠,或者只纠正具有针对性和代表性的错误？

4. 如何控制课堂时间和秩序？是否准时上下课？课堂节奏

怎么样？时间分配是否合理？授课内容太密集还是太松散？怎么控制课堂时间，是不停地看表还是明确地告诉学生每个教学活动必须用多长时间完成？教师怎样处理突发事件？

5. 对教学重点和难点的定位及处理。是否突出了重点？教学方式是否恰当？突破难点的方法有哪些？如举例说明（例句如何）、启发讲授、辅以多媒体教学手段、帮助学生通过直观感知逐步理解、进行类比等。

6. 该节课亮点或闪光点。如情境创设、语言导入、突破难点的方法、动画演示、板书等。

四、对总体印象作出概括性说明

教师值得学习、借鉴或吸收的地方，缺点或不妥之处。设想自己上课将怎么做，会用哪些创新方法进行改进。

这样的要求步骤清晰、任务明确，学生从多个方面观摩课程，既有对课型本身的了解，又有对教学行为的观察，对于职前教师来说都是值得学习之处，特别是要求学生对该课进行评价和反思，不仅提高了学生对课堂教学行为的敏感度，同时还能够培养学生的专业眼光和研究能力。这一模式对于观摩教学起到了很好的规范作用。刘元满（2011）随后考察了 2010 年春季 14 名硕士研究生对近 30 名熟手教师的观课记录和评价，发现他们已经具备了一定的职业敏感度，能够以新手教师的眼光进行评判，对课程的思考既有领悟性的（主要指过去没有想到过的情况），又有反思性的（主要指过去凭主观想象以为应该这样的情况）。

3. 第三阶段（2014 年以后）

突出教学实践形式，以招募留学生志愿者方式进行“实战”演练，特别注意建立职前教师教学意识和教学信念。

由一位教师全程授课的形式固定下来以后，这门课的教学内容和教学方式得以延续和发展。由于语言要素教学已经分化为多门独立课程，因此只保留了语言技能教学部分，补充了与课堂教学紧密相关的内容，如教师教学意识、教师行为、教师话语、课堂管理、师生互动以及如何使用教学材料等。

2014年“对外汉语教学理论与实践”教学大纲如下：

课程性质：本课程以对外汉语课堂教学方面的基本理论为基础，使学生既能充分了解汉语教学方法和教学组织与课堂管理方面的规律，又能切实提高相关能力。通过教学观摩，了解教学程序；通过实践课堂，进行教学设计，制作教学课件，将理论运用于实践。具备在实际教学中发现问题、解决问题的能力，并能将相关研究成果及时运用于教学中。

教学对象：本学院汉语言文字学硕士。

教学方式：教师讲授＋课堂观摩＋教学实践＋讨论评价。通过前一阶段的理论学习之后进入课堂，以留学生志愿者为对象，分不同水平进行备课试讲。每周2人各1小时，共同讨论1小时。

课程要求：本课程2014年2月17日起开课，每周一次3课时，共15周(另有一周考试，一周端午节放假)。学生可以在规定时间内旁听学院教师讲授的课程，一定要提前与教师联系，听课后形成听课报告。在实践课堂前要充分备课及时反思。(建议听课类型及教师另行通知)

实践课堂教材拟用《走进中国》汉语系列。

考核方式：成绩为百分制。备课材料30％＋课程论文70％＝100％。

参考书目：略。

表5　2014年课程计划

时间	内容	备注
第一周2.17	汉语教学的主要原则及教师的教学意识	
第二周2.24	综合课教学原则与方法	
第三周3.3	口语教学原则与方法	
第四周3.10	听力教学原则与方法	

续表

时间	内容	备注
第五周 3.17	阅读教学与写作教学原则与方法	
第六周 3.24	新老教师的差异及学生反馈意见分析	观课周
第七周 3.31	课堂活动设计与组织	
第八周 4.7	课堂管理方法与技巧	
第九周 4.14	教学计划与教案编写	
第十周 4.21	实践课堂 1	实践课堂周 撰写教案、 授课、 点评、讨论
第十一周 4.28	实践课堂 2	
第十二周 5.5	实践课堂 3	
第十三周 5.12	实践课堂 4	
第十四周 5.19	实践课堂 5	
第十五周 5.26	实践课堂 6	
第十六周 6.2	（端午节放假）	
第十七周 6.9	考试周，总结与反思（口头报告）	

除了教学内容进行了较大调整，教学实践模式上也作了改进。自2014年起，教学实践不再只是课堂模拟，而是进行实战教学。过去长期沿用的课堂模拟教学是在职前教师之间试讲，缺乏临场感，无法让学生处理真实的课堂教学问题，因此必须创造机会让其更早接触实际课堂。由于正式的留学生课程一般不接受职前教师独立授课，于是该课程采取了招募留学生志愿者的方式。教学实践历时6周，9名学生，两人一组合作授课，教室比较大，留学生志愿者都坐在前排，研究生（职前教师）们则坐在后边观课、记录。三个学时的课程中，两人分别授课一个学时，第三个学时为点评环节。先由观课者提出自己的看法，再由老师集中评价，优点及不足都即刻得到反馈。这一形式受到职前教师的极大欢迎，2014年春季学期全校课程评估时，该门课程得到99.5分（全校平均96.49分）。

第三节　作为教师教育课程的研究范例

3.1　理论内容调整与实践形式改革

2015 年课程大纲中的课程性质、教学对象等内容保持不变，参考书有所增删，但在教学内容上又进行了较大调整。

表 6　2015 年课程计划

<table>
<tr><th>周数</th><th>日期</th><th>内容</th><th>备注</th></tr>
<tr><td>一</td><td>3.3</td><td>汉语教学的理论基础及教师的教学意识</td><td></td></tr>
<tr><td>二</td><td>3.10</td><td>汉语教学的主要原则</td><td></td></tr>
<tr><td>三</td><td>3.17</td><td>综合课教学原则与方法(1)</td><td></td></tr>
<tr><td>四</td><td>3.24</td><td>综合课教学原则与方法(2)</td><td></td></tr>
<tr><td>五</td><td>3.31</td><td>技能教学原则与方法(1)</td><td></td></tr>
<tr><td>六</td><td>4.7</td><td>技能教学原则与方法(2)</td><td rowspan="4">观课周
观课日志</td></tr>
<tr><td>七</td><td>4.14</td><td>课堂活动设计与组织</td></tr>
<tr><td>八</td><td>4.21</td><td>教师课堂十大话语能力</td></tr>
<tr><td>九</td><td>4.28</td><td>新老教师的差异及学生反馈意见分析</td></tr>
<tr><td>十</td><td>5.5</td><td>教学计划与教案编写</td><td></td></tr>
<tr><td>十一</td><td>5.12</td><td>实践课堂 1</td><td rowspan="5">实践课堂周
撰写教案、授课、
教学日志
课堂点评、讨论
反思</td></tr>
<tr><td>十二</td><td>5.19</td><td>实践课堂 2</td></tr>
<tr><td>十三</td><td>5.26</td><td>实践课堂 3</td></tr>
<tr><td>十四</td><td>6.2</td><td>实践课堂 4</td></tr>
<tr><td>十五</td><td>6.9</td><td>实践课堂 5</td></tr>
<tr><td>十六</td><td>6.16</td><td>课程研讨</td><td>每人 15 分钟</td></tr>
<tr><td>十七</td><td>6.23</td><td colspan="2" rowspan="2">考试周</td></tr>
<tr><td>十八</td><td>6.30</td></tr>
</table>

与2014年相比，2015年的授课内容中，综合课的教学方法增加两次，主要讲授语音、词汇、语法、篇章等的教学；技能教学则减少一次，没有再细分具体技能内容；突出了教师教育课程的特点，增加了“教师课堂十大话语能力”。为了培养学生的研究能力，增加了一次课上的研究报告，每人15分钟，实践课堂改为5次。

3.2 课例研究的必要性

“对外汉语教学理论与实践”课程历经多年，有一条明晰的发展路径，而调整教学实践方式之后取得了极为明显的教学效果，这促使我们思考各种课型的教学目标。汉语第二语言教学方向研究生课程很多，有的旨在打好汉语基本功，如对语言要素的把握和解释；有的旨在让学生了解语言学习者的特点，如语言习得研究、语言学习研究；有的旨在培养学生的研究能力，如研究工具和研究方法。而培养学生教学能力的课程，则应通过语言技能/要素教学、汉语教学法、课堂教学组织与管理、理论与实践等课程来完成。“对外汉语教学理论与实践”是一门设置广泛、特色鲜明的代表性课程，它应该具有什么样的教学内容？具有什么样的普遍意义的教学模式？教师具有什么样的教学理念？教学过程如何促进职前教师学习？哪些事件影响了学生们的教学信念？课程如何获取反馈以改进教学？等等，这些问题都需要我们作出明确的回答。

作为教师教育课程，教师教育者、职前教师、教学材料（授课内容）是必不可少的课程要素。2001年我国教育领域首次使用了“教师教育者”的说法，自此“教师教育者”这一概念逐渐进入我国教育领域的学术话语体系（颜奕、罗少茜2015）。本研究借鉴颜奕、罗少茜（2015）对外语教师教育者核心内涵的表述，提出汉语教师教育者是指培养或培训汉语教师的人员，即教师的教师，在本研究中指教授该课程的老师齐老师，有时会根据语境需要，使用“老师”进行表述；职前教师是指即将走上讲台担任教师的在校学生，在本研究中指参加该课程的研究生，为叙述方便，本研究所用“职前教师”或者“研究生”所指对象是同一的，有时因语境需要，也会使用“学生”进行表述；“教学材料”是指教师教育者给职前教师提供的该课程的授课内容。

尽管教师教育者可以根据个人的知识结构和学科理解进行调节，尽管人们可以通过最后的教学评估来判断该门课程的成功程度，但我们只看到了呈现出来的结果，却无法了解整个教学活动的实施过程，也不清楚教师教育者和职前教师在具体环节中有着怎样的思考。了解教师教育课程的规律，发现有价值易把握的教学模型，对于改进课堂教学，提高教学效果，对教师教育者提出建议，对课程进行必要调整都是非常重要的。

本研究将该课程作为课例，采用多期跟踪方式观察教学过程，运用量化和质化分析方法，对以上问题作出回答。我们首先对 2015 年春季开设的“对外汉语教学理论与实践”进行了全学期的课堂跟踪考察，学期结束后又继续对师生进行访谈，在此基础上对课程提出改革建议。后期连续 4 年对课程跟踪考察，不仅是对该门课程进行全面的回顾与梳理，而且从该门课程的教学目标出发，考查学生是否获得了应有的理论基础和教学能力。更为重要的是，本研究将课程本身作为研究对象，同时也将课程主体参与者——教师教育者和职前教师作为研究对象。对教师教育者，考察其自身的教学信念及如何确定授课内容和授课方式，师生之间以什么样的关系在往前推进；对职前教师，考察其认知系统及学习行为有什么特点，通过什么方式获得课程知识，哪些因素对其认知系统产生作用，个体的教学信念如何建立起来。初步构建出“理论与实践”课程的教学模型，用以指导教学，通过课程跟踪情况，再次进行调整，逐步达到合理、有效的目标，使其具有普遍意义。

第一章　研究理论基础及研究方法

第一节　第二语言教师教育相关理论

1.1　教师学习理论

美国教育家达林·哈蒙德(Darling Hammond)等人2005年构建的教师学习理论框架，包括教师学习中的几个关键因素：学习愿景、理解、实践、专业素质、辅助资源和学习共同体(吕立杰2010；王芳、马云鹏2010)，详见下表。

表1　教师学习理论框架(达林·哈蒙德)

关键因素	主要内容
学习愿景	心目中期待的好的教学、好的教师形象
理解	对学科知识、教学方法、学生、周围环境的理解
实践	开始积累实践经验，例如如何组织学生讨论、给予反馈等
专业素质	养成良好的思维与行为习惯，包括反思、合作、探究等
辅助资源	专业理论与辅助工具
学习共同体	在学习共同体中理解、实践、培养专业素质

吕立杰(2010)总结了前人研究提出的教师学习的三个基本框架，即教师学习六元素(愿景、动机、理解、实践、反思、社群)模式、在社群中学习教学模式、六层面(环境、行为、能力、信念、专业认同、使命)洋葱模式。提出职前教师学习的难点有三："前概念"(泛指在新课教学

前对所学知识已有的认识和了解）对职前教师的观念有重要影响；准教师（即职前教师）不仅要学会有关教学的知识，还要能够在实践中运用这些知识；教师教育必须依托学习者自身的经历与经验。由此建议教师在教育课程变革过程中，首先要兼顾教师教育课程的多元取向，把改变观念作为课程目标的核心；其次是建立教师教育课程整合观，实践、反思、学习社群是教师教育课程实施的重要方式；最后用一体化的思维方式看待职前教师教育的课程属性。

在本课程的教学实践过程中，上述三个学习难点在职前教师不同阶段的学习中都有所呈现，教师教育者齐老师[①]的教学与授课也针对这些学习难点有的放矢，特别是有效践行了“实践、反思、学习社群”的课程实施方式，因此课程收效较为显著。

王芳、马云鹏（2010）注意到教师学习的研究领域从对教师行为的关注，转移到教师的知识、思考与学习过程。其中有三条研究线索特别值得教师教育者关注：教师以前做学生时的经验、实践—反思的学习途径、教师学习影响因素的理论框架与发展阶段。该文认为教师学习研究对职前教师教育的启示如下：统整理论知识和教学实践的学习，培养学生的专业反思能力应贯穿于整个教师教育阶段，充分发挥教师教育者自身的榜样作用。

周钧、罗剑平（2014）从多学科视角发现教师学习研究，从原先单一的行为主义心理学的视野逐渐扩展到认知心理学、建构主义理论、人类学、哲学等多个学科。研究从仅仅关注教师的外显行为转向关注教师的认知和知识层面，强调情境对教师学习的重要作用，倡导教师在共同体中学习和建立身份认同，提出了不同的教师学习观和认识论。总之，教师学习是一个极其复杂的研究主题，涉及多方面的研究领域，如学习理论、教学研究、教师知识、教师培养、新教师入职、教师

① 根据质性研究的伦理原则，“对外汉语教学理论与实践”课程老师化名为齐老师，在本研究中是“教师教育者”的角色。

专业发展、学校改进、教学文化等。将这些领域综合起来是未来的、高质量的教师学习研究的方向。

后方法理论集大成学者库玛(Kumaravadivelu)提出了“知、析、识、行、察”的第二语言教师教育理论模型(库玛 2014)。在“知”的模块中,他把语言教师应当学习的知识整合为三个类别,见下表。

表 2 语言教师应当学习的知识类别(库玛)

知识类别	内容
专业知识	语言知识、语言学习知识、语言教学知识
程序知识	管理课堂学习与教学的知识(话语管理、话题管理)
个人知识	教师个体在实践中形成的对课堂教学合理性的认识,即教师对课堂中“什么可行、什么不可行”的个体理念

张晓蕾(2016)介绍了掌握知识与技能、参与学习社群、开展合作研究等被西方学界视为教师学习的三种路径,认为有效的教师学习应基于多层次、立体式、多面向的专业发展生态系统。她主张将来的理论和实践探究应重点关注三个方面:从促进教师终身学习的角度,教师专业发展在不同层次、不同阶段有不同需要;对于教师教育者来说,为免于混淆目的以致资源浪费,认清不同路径教师学习实践策略的理论假设及局限尤为关键;从推进有效的教师学习角度,认清不同学习方式的愿景、现状和局限是学校、区域教师教育管理部门及大学研究机构的共同责任。

桑国元(2017)同样将教师学习看作是教师促进自身专业发展的必经之路,从教师学习的方法与策略研究、教师学习的外部支持系统研究、教师学习的内部机制研究等方面,整合出国内外关于教师学习研究趋势的五方面特征:强调专业引领下的教师行动研究与学习的整合,重视基于群体交互的教师合作学习,关注“中小学—大学”合作机制的形成,提倡构建支持教师学习的信息技术平台,重视教师学习的内部发生机制的探讨。对理解教师学习的本质和过程,具有重要的方法论意义。

美国学者费曼·南瑟(Feiman Nemser)认为教师学习和专业发展的不同阶段有不同的关注和学习侧重点。职前教师教育阶段是为今后教师工作和持续学习打下良好基础的阶段,应关注与学习的内容如下表。(吕立杰 2010;王芳、马云鹏 2010)

表 3　职前教师学习理论(费曼·南瑟)

关键因素	主要内容
学习愿景	思考感受什么是好的教学,反思对比自己以前对教学和教师的理解
学习教学	学习学科知识(对学科知识的理解程度会影响教师的提问、课堂活动的设计、讲解的重点)
了解学生	了解有关学习和学习者的知识(包括学习者带进学校的文化)
实践积累	开始掌握一套拿手本领(积累好的教材、教学方法、评价学生表现的方法)
教学研究	养成研究教学的习惯(观察、解释、分析)

综上所述,以上学者大致从学习愿景、理解与学习、实践、教学研究等方面构建教师学习理论,这些学习理论对汉语教师教育课程同样具有指导意义。在设置汉语教师教育课程时,我们应当考虑以下指标:

(1)形成良好的教学愿景:学生通过课程学习,形成对好的汉语教学、好的汉语教师的向往与期待;

(2)促进深入的理解与学习:有助于学生理解与学习学科专业知识(语言知识、语言学习知识、语言教学知识)与程序知识(管理课堂学习与教学的知识);

(3)提供真实的实践机会:帮助学生积累教学实践经验、掌握教学技能,强化课堂教学合理性意识,形成课堂中"什么可行、什么不可行"的个体理念;

(4)培养专业化的反思意识:引导学生形成运用专业理论,通过观察、合作、反思等方式研究教学的习惯,成为反思型实践者。

在对课程的实然性进行描写和讨论时，同样也要从以上四个方面进行。本研究采用课例研究范式。普适性课例研究路线图一般为：准备、计划、授课、反思（陈向明 2011），汉语教师教育课程同样也会循着这个路线图推进，但在每一阶段，都会与汉语第二语言教学规律相结合，成功的课程能够充分实现教师学习理论所提出的要求。

本研究选取旨在提高汉语教学能力的教师教育硕士课程“对外汉语教学理论与实践”，一个学期全程跟踪考察其实然教学过程，研究该过程是如何影响并促进职前汉语教师学习的，根据该课程教学模式构建出国际汉语教师教育课例模型，促进职前教师的学习与发展，同时也可用来检验教学能力类职前汉语教师教育课程并指导其进一步改进和完善。

1.2 反思性教学理论

反思性教学，是指教学主体不断探究与解决自身和教学目的以及教学工具等方面的问题，将“学会教学”与“学会学习”结合起来，努力提升教学实践合理性，使自己成为学者型教师的过程。反思性教学具备如下特征：以解决教学问题为基本点，具有较强的创新性；以追求教学实践合理性为动力；强调“学会学习”与“学会教学”，是教师全面发展的过程。（熊川武 2002）

反思性教学是教师自我发展的有效途径，因此，培养教师自觉的教学意识，提高教师的素质，是教师教育的目的。教师的教学行为又是其素质的外在形式。教师的专业知识、教育观念、教学态度、评价手段等又必须通过教学行为来体现。因此，通过反思，教师调整、优化其教学行为来组织课堂教学，指导学生学习，启发学生思维，最后达到预期的教学效果。学生则通过观察教师的教学行为而获得较多的实际体验，更明确地意识到自己学习活动的全过程，进而自觉地制订学习计划，选择学习方法，调节学习行为，以及对学习效果的反思，最终达到自我发展的目的。（高翔、王蔷 2003）

反思性教学在外语或者第二语言教师专业发展中，同样具有重要的作用。在介绍了反思性教学具备主动性、反馈性、调节性、有效性等特点的基础上，高翔、王蔷（2003）认为，可以通过记日记、听课与观察、教师评价、录像、教学行为研究等途径，提升外语教师自我专业发展的自觉性。王添淼（2010，2019）从 2007 年颁布的《国际汉语教师标准》出发，分析了反思性实践与国际汉语教学的契合性，提出从“技术理性”到“反思理性”的国际汉语教师专业发展范式的转型，探究了作为反思性实践者的国际汉语教师的成长路径；并在此基础上，进一步提出国际汉语教师的专业发展模式，是“反思模式＋技艺模式＋应用科学模式”三位一体的模式，反思模式为主，技艺模式和应用科学模式为辅。专家教师对新手教师的指导多为应用科学模式，督导教师（熟手教师）对新手教师的指导多为技艺模式，但都应该以反思模式为主。

由此可见，反思性语言教学是一个自下而上的教师专业发展过程，已被普遍认同为外语教师专业发展的有效途径。具备反思性教学能力，也是国际汉语教师发展的必然要求。因此，国际汉语教师教育课程的规划与实施，应将反思性教学融入职前教师的学习过程，将培养反思性教学、发展职前教师的反思能力，作为课程目标的重要组成部分（刘路 2017b）。徐晶凝（2019）根据汉语国际教育硕士专业学位的培养目标，结合反思性教学理论，提出国际汉语教师的培养目标，不仅仅是掌握几种技能的应用型专门人才，而应是具有反思意识与反思性研究能力、具备最终成长为专家型教师潜能的人才。由此在相应的课程教学中，教师教育者需要培养学生的反思意识，掌握反思性研究的能力与方法，让他们能够通过课堂观察、做教学札记等不同的方式，对自己和他人的教学实践进行观察和反思。学生在这个过程中看到的教学上的可能性越多，就会越想去探索，从而在未来正式踏上教师岗位之后，保持这样的意识和反思性研究的习惯与能力，最终获得职业成长。

第二节　国际汉语教师教育课程研究路径

2.1　第二语言教师教育课程研究

在我国，培养职前汉语教师的院校逐年增加，颇具规模，根据中国研究生招生信息网 2016 年硕士专业目录，全国开设语言学及应用语言学学术硕士学位的有 95 所，基本都有对外汉语教学方向（部分为“不区分研究方向”）；开设对外汉语教学学术硕士学位的有 6 所；开设汉语国际教育专业硕士学位的院校有 107 所。2020 年全国中国语言文学之下开设语言学及应用语言学学术硕士学位的有 99 所；开设对外汉语教学学术硕士学位的 3 所，汉语国际传播 1 所，汉语国际教育 1 所，汉语言文化国际教育 1 所，华语与华文教育 1 所；开设汉语国际教育专业硕士学位的院校达 150 所。

教师教育课程是促进职前教师学习的主要途径，是职前教师教育的核心问题（吕立杰 2010）。职前汉语教师教育课程比较多样，如“语言技能教学”“汉语作为第二语言教学法”“语言要素教学”“课堂教学组织与管理”等教学能力类课程，既是基础课程，又是重点课程，目的在于培养学生具备熟练的汉语作为第二语言的教学技能，能够胜任多种汉语教学任务。尽管国内多次召开汉语第二语言教学研究生培养会议，但主要是从培养目标、课程设置等宏观方面进行研讨，学界相关研究主要集中在对课程实施现状的描述与解释（吴英成 2012；张英 2012），对课程设置的反思、改进建议或设想（刘珣 2005；朱永生 2007；丁安琪 2009），对国外二语教师教育课程与国内对外汉语教师教育课程进行对比分析（李晓琪 2011；田艳 2012；刘元满 2014），等等。以往的研究多是从课程设置出发，属于“课程应该如何”的应然性、思辨性研究，角度相对比较单一。

也有学者关注到汉语教师教育课程的教学过程，不过还只是较为初步的实证研究(吴中伟 2012;易娜伊 2014)。对于“课程实际如何”的实然性研究,即课程的教学过程如何推进、学生在不同环节中如何表现、教学过程对职前教师学习有哪些促进、如何开展优质的教学实践等问题,都还鲜有涉及。而针对课程教学主体——教师教育者与职前汉语教师进行的研究,也相对匮乏。而这些问题对提高职前教师的培养质量至关重要。

2.2　教师教育者教学理念

教师教育者的教学理念可以通过教师的教学行为显现出来,对观察者来说,有的可明显感受到,有的却必须通过访谈才能发现。我们发现,课程在往前推进过程中,有些情况是事先无法预知和把控的。有时候教师对自身的教学理念也没有明晰的意识,但在访谈过程中得到梳理而反思出来。我们在全程跟踪授课过程的同时,也对教师教育者的思考轨迹进行跟踪,探寻其自身教学理念的变化及教学行为背后的理论支持。教师教育者自身是在不断成长和发展的,逐步构建起更为牢固的教学理念。

综合两次访谈内容,结合教师教育者的课堂教学行为以及职前教师的课堂表现,我们可以较为清晰地勾画出教师教育者自身的教学理念,并能够较为合理地解释教师教育者的课堂教学行为。

杨延宁(2014)提到,在质性研究中,民族志方法可以深入地、全面地描述和解释一个群体的行为模式,研究者既可以作为旁观者观察,也可以亲身参与到研究中来。本研究作者之一作为课堂观察者进入课堂,带着初步的研究问题“教师教育者是如何指导职前教师进行语言教学的”进入自然情境——齐老师的课堂,在课堂观察、与老师访谈后,将研究问题聚焦为“教师教育者的示范作用”,基于教师教育者应向学生展示规范性做法的前提,主要考察教师教育者如何教学、怎么做教师;学生通过模仿、体会教师教育者的示范作用,学习教学、学习如何成为一名教师。本研究扎根于所收集的资料,将意义建构与效度问题相结合，认为教师教育者主要在以下四个方面体现出示范作用，分别是课堂教学示范、品行示范、科研示范和反思示范。其构成关系如下图。

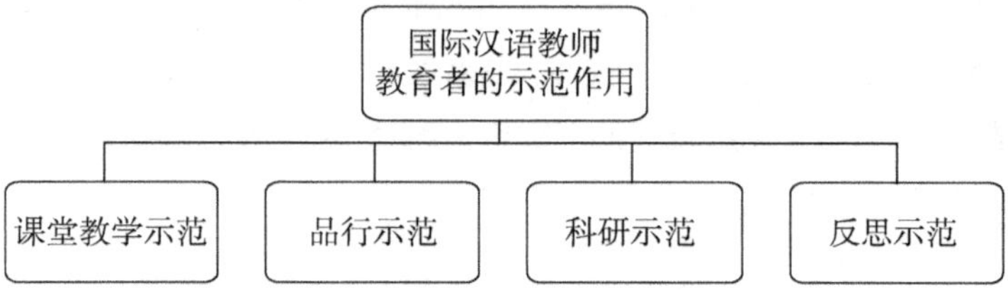

图 1 国际汉语教师教育者示范作用

从对外汉语教学学科的特点出发，质性方法非常适合应用于课堂教学、教材编写、教师教育与教师发展、二语习得等研究领域。本研究从收集资料、诠释资料、构建理论三个方面探讨质性研究中的资料收集与分析过程，尝试分析如何从研究现象入手，聚焦研究问题，发展出适合本研究的理论。

我们遵循质性方法的含义，以研究者本人为研究工具，在自然情境下，采用多种资料收集方法，对社会现象进行整体性探究，使用归纳法分析资料并形成理论，通过与研究对象互动，对其行为和意义建构，最终获得理解性解释(陈向明 2000)。在本研究中，各项要素所指如下：

(1)自然情境：汉语教师教育者的"对外汉语教学理论与实践"课程的课堂；

(2)多种资料收集方法：访谈、课堂观察、实物收集等；

(3)社会现象：汉语教师教育者进行教学的过程；

(4)归纳法分析资料：分类、寻找维度与类属；

(5)形成理论：汉语教师教育者的指导作用；

(6)与研究对象互动：以访谈、非正式交谈方式进行；

(7)获得理解性解释：示范作用是什么及其相互关系。

该研究有助于进一步了解关于国际汉语教师教育者研究的相关问题与研究角度。我们应当继续深入、全面了解质性方法的研究范式与研究路径，合理运用，使对外汉语教学研究更加多元与深入。

第三节　第二语言教师教育课程研究对象及研究方法[①]

3.1　研究对象及数据收集

我们的研究从2015年春季学期开始。2015年春季学期语言学及应用语言学学术型硕士的专业必修课“对外汉语教学理论与实践”，每周一次，一次三节课连上。任课教师(教师教育者)齐老师从教30年，在语言教学、汉语教师教育方面都具有丰富的课堂教学经验与理论研究成果，属于专家型教师(博士、教授、博士生导师)，担任该课型已有15年。听课研究生(职前教师)为2014级全体对外汉语教学方向学术型硕士研究生，共9人(详见下表)。本研究遵循质性研究方法的伦理原则，对所有参与者的姓名与信息进行匿名处理。

表4　研究参与者信息

职前教师(研究生)	本科专业	有无教学经验	是否观摩过真实课堂	是否模拟过教学、观摩过教学录像
S1	对外汉语	有，两节中国电影课	是	是
S2	对外汉语	有，初、中级班，18周	是	是
S3	汉语言文学	无	否	否
S4	汉语言文学	无	否	否
S5	汉语言文学	无	否	否
S6	对外汉语	有，初级班，1周	是	是
S7	对外汉语	无	否	是
S8	汉语言文学	无	否	否
S9	汉语言文学	无	否	否

① 本节部分内容发表于《质性方法在对外汉语教学研究中的具体运用反思——以〈国际汉语教师教育者的示范作用探析〉为例》(刘路2017a)。

从学生本科专业看，4 人为对外汉语，5 人为汉语言文学。4 人观摩过教学录像，其中 3 人也观摩过真实课堂。除 1 人上过 18 周的初、中级班外，1 人上过两节中国电影课，1 人上过 1 周的初级班。总体上看，大多数人未观摩过教学录像和真实课堂，且没有实际教学经验。

数据收集阶段为 2015 年 3 月至 2015 年 6 月，收集方式为课堂观察、访谈、文字资料采集、非正式交谈，整理后共约 23.4 万字（详见下表）。对收集到的数据采用质性研究方法中的连续比较法进行类属分析，遵循扎根理论的路径，在编码与微分析的基础上探寻类属与属性，归纳分析课程不同环节对汉语职前教师学习的作用。此外还收集了教师所发课程资料，并多次与师生进行非正式交谈。

表 5 研究数据收集详情

数据收集方式	参与者	文本转写
全程课堂观察	教师、学生	15 次，课堂观察笔记：共约 3 万字
访谈教师	教师、研究者	2 次，录音整理文字版：共约 2.6 万字
访谈学生	学生、研究者	9 人各 1 次，共 9 次，录音整理文字版：共约 12.3 万字
授课反思环节录音	教师、学生	4 次，录音整理文字版：共约 5.5 万字
教师所发课程资料（教学大纲、观课指南等）	教师	
课余非正式交谈	教师、学生、研究者	

为了考察我们所拟就的课例模型是否合理，对课程作出的指导是否有效，同时也为了考察职前教师的教学意识和教学理念的建立过程，我们对此门课程进行了连年多期跟踪。2016 年齐老师未上此课，2017 年起齐老师又连续 3 年继续讲授此课，我们未做师生访谈，只收集了新的语料。在 2018、2019 两个年度里，齐老师增加了期末作业，

让学生围绕特定问题撰写课程反思，2018 年共收回反思报告 20 份，去除重复的问题题目，共计 9.1 万余字；2019 年共收回反思报告 16 份，去除重复的问题题目，共计 8.7 万余字。2015 年的访谈语料主要用于第三章和第四章，分析教师教育者的教学理念、教学行为和教学反思，以及教师教育者对职前教师的指导示范作用；2018 年和 2019 年的语料主要用于第五章和第六章，分析职前教师的汉语国际教学理念构建状况，以及教师教育课例模型如何指导改进课程。

3.2 质性研究方法及研究步骤

在对外汉语教学研究领域，运用质性方法进行的研究与量化研究相比相对有限(陈钰、吴勇毅 2012)，主要内容多为对研究结果的分析与讨论，对质性方法在研究中的具体运用过程着墨不多。

除了前文所言陈向明(2000)对于质性方法的定义，林小英(2015)认为，教育领域的质性研究者经常以人为探究的对象，询问如下问题：他们正在经历的经验为何？他们如何诠释这些经验？他们自身是如何建构所生活的社会世界？研究者总是在与研究对象进行对话或互动。

我们据此首先确定初步的研究问题与设计，然后主要经历并持续完善以下过程：

(1)经历研究现场，进行资料收集，进一步聚焦与明确研究问题；

(2)诠释自己收集到的资料；

(3)建构基于资料分析的理论。

在上述每一过程中，研究者还应与研究对象、与自己、与收集到的资料不断进行对话或互动，并时刻关注研究的效度与伦理问题。

本研究采取目的性抽样原则，这是质性研究中普遍采用的抽样方式，也被称为理论性抽样，即按照研究的目的和研究设计的理论指导，抽取能够为研究问题提供最大信息量的研究对象。由于质性研究注重对研究对象获得比较深入细致的解释性理解，因此研究对象的数量一般比较小(陈向明 2000)。该课程曾于2014年春季在试讲形式上做了较大改革,将过去的学生之间试讲改成了真实的留学生课堂试讲,当年课程评估成绩为99.5分(全校平均得分96.49分)。从课程内容、评估反馈到任课教师素质等方面看,该课程在汉语教师教育课程中具备充分的典型性与代表性,可以为本研究提供充足的信息量,符合质性研究的目的性抽样原则。

该课程教学过程按照时间进度,由以下环节依次组成:教师理论讲授,5周后加入学生课堂观课4周(理论讲授同时进行);第10周为教学计划与教案编写讨论,第11周起学生对留学生进行班级授课,共计5周,每次两位同学合作共授一课,每人一小时,最后一小时为反思课,采用学生互评与教师点评形式;最后一周课为课程报告,15～20分钟/人,就某个问题展开研究,之后提交一份完整的论文式课程报告。

带着初步的研究问题"汉语教师教育者是如何指导职前汉语教师进行语言教学的",本研究作者之一作为观察者走入研究现场——齐老师的"对外汉语教学理论与实践"课程的课堂。虽然都是在课堂这一场域,但由于本课程教学环节的设置,不同的环节处于不同的场合。理论讲解和学生观课环节,场合是齐老师的课堂与被观课教师的语言课堂;学生授课和互评与点评讨论环节,场合是齐老师的课堂。

2015年春季学期,我们对该课程从学期开始到学期结束进行全程跟踪,从老师到学生,从总体目标到具体实施进行全方位考察。采用连续访谈形式进行了两次面谈,一次是2015年4月13日,教学进入第7周,正值学期中间;第二次是2015年5月29日,学期即将进入尾声。第二次访谈的部分内容属于第一次访谈的追问,其余则是紧密结合教学过程中的现象进行挖掘,访谈内容更为深入和细致,访谈提纲分别见附录1、附录2。

3.2.1 课堂观察

观察有着其他资料收集方式无法替代的作用:发现研究对象不察或不愿言说的现象与问题。研究者第一堂课上需要对在座学生做一下说明，此后便只能做一个隐身式“局外人”，全程保持沉默，尽量不让师生感受到其存在。

研究者亲身进入课堂之后，发现齐老师有两个授课特点：对留学生汉语偏误的模仿栩栩如生、惟妙惟肖，与所讲内容密切贴合的大量课堂教学示范案例信手拈来。研究者也发现在理论讲解环节部分学生偶尔会心不在焉。在与教师访谈中，研究者询问了齐老师模仿与举例的原因和目的，以此作为课堂教学示范类属的重要编码来源。而对于学生的心不在焉，研究者也通过与学生访谈了解到他们的意见和建议。在每次观察之后，研究者都仔细填写“观察接触摘要单”，及时记录典型的现象与研究者由此产生的思考或疑问，为后续观察做好准备。

3.2.2 *面对面访谈*

研究者对齐老师进行了两次访谈，分别是课程环节的前期（2015年4月）和后期（2015年5月），每次访谈1小时。

首次访谈时，以“汉语教师教育者教学的过程”为主题，了解该课程设立以及演变的过程，以及教师教育者希望在教学中达到的教学目标以及目的。从访谈内容中我们发现齐老师表现出极其鲜明的言传身教特点。她希望通过自己的努力（如变革课程设置、寻找可利用的教学资源），通过自己的展示（如怎样处理课堂突发事件、自己数十年的教学经历与故事），告诉学生应该怎样教学，怎样学习教学，怎样成为一名好老师。我们将此次访谈内容定位为“教师教育者想教给学生什么内容以及怎样示范”。

第二次访谈时，课程接近尾声，全部环节皆已展现。研究问题已经聚焦为“汉语教师教育者的示范作用”，因此访谈的问题集中在两方面：一是对首次访谈中一些问题与本土概念的追问和进一步澄清，如第一次访谈所提到的学习力、临场感、移场法、实践等；二是教师教育者自认为面对学生应起到哪些示范作用。齐老师在第一次访谈中多次提到“学习力”一词，观察者最初理解为“学习的能力”，但经过第二次访谈追问后发现，齐老师的解读远不止此，她认为学习力是指“终生的、学习新知识的能力，保持对新鲜事物的敏感性与了解它们的兴趣”。

对全体学生的访谈在课程即将结束时，每人各1次，共9次，每次访谈1小时。这时学生对课程已有全面了解与整体印象，研究问题已经聚焦，访谈更有针对性。同时学生的课程阶段作业已经完成，此时访谈比较放松。按照质性研究的伦理要求，访谈对象匿名，内容保密，包括任课教师在内的其他人都不会得知。因此学生们都比较坦诚地谈了自己的看法，包括对教师教育者、课程的意见与建议。研究者倾听学生们的看法并给予及时的共鸣，是非常有效的共情手段，双方心情都很愉快，访谈更加开放，内容也更加深入。

访谈接触摘要单记录了研究者印象最深刻的描述或者问题，可起到检索、提醒研究进度的作用。

本次访谈时机与次数也有一定不足，有同学表示，之前的理论讲解与学生观课环节距访谈时间较远（间隔一个半月左右），需要一定时间思考或者经过研究者提示才能回答。这一定程度上影响了上述课程环节中收集资料的真实性。若在课程评估成绩出来之后再对学生进行一次访谈，也许能得到更为真实坦诚的想法。

3.3 数据处理

3.3.1 资料取舍

围绕研究问题“教师教育者想教给学生什么内容以及怎样示范”，我们将教学内容分为教学示范、观察示范、科研示范、教师的责任心四类，形成资料矩阵表(1)。后续资料的选取也都基本围绕上述分类进行。

表6 资料矩阵表(1)

教学示范	观察示范	科研示范	教师的责任心
语言技能教学	观察语言课堂	学习力	学生错误课下纠
举例与模仿	观察留学生	研究热点：课堂话语等	突发事件从容应对

进入学生授课和互评与点评环节后，增加了新的教学内容分类——反思示范，并结合已有理论文献，将教学示范类之下的内容重新整合，形成课堂教学示范；将观察示范类并入教师的责任心类，形成品行示范，最终形成资料矩阵表(2)。在该表指引下，分析其后收集的资料，并对之前资料重新归纳整合。

表7　资料矩阵表(2)

<table>
<tr><th>课堂教学示范</th><th>科研示范</th><th>品行示范</th><th>反思示范</th></tr>
<tr><td>语言技能与交际教学</td><td>学习力</td><td>学生错误课下纠</td><td>反思同学的教学</td></tr>
<tr><td>课堂程序教学</td><td rowspan="2">研究热点：课堂话语等</td><td>突发事件从容应对</td><td rowspan="2">反思自己的教学</td></tr>
<tr><td>课堂应变教学</td><td>以观课来体悟教学愿景</td></tr>
</table>

3.3.2　资料解读：微分析

微分析，是围绕概念所进行的详细编码，是一种用来拆解资料并寻找词语或短语各种意义的开放编码形式。(林小英 2015)可以选取资料中与研究问题密切相关的重要片段或段落，逐字逐句详细分析；或将高质量但是具体而零散的资料片段先整合再分析。微分析就像使用高倍显微镜，更加近距离地审视资料。通过微分析，可以找到关键的本土概念，继而通过研究者的意义诠释逐级编码，最终找出编码上位的维度与类属。

以课堂教学示范为例，通过对齐老师第二次访谈资料的微分析，确定了教学示范的编码：语言要素准确度、交际流利度，话题管理、话语管理、课堂管理，主动发起预设事件、被动应对非预设事件。

编码上位的维度为：语言技能与交际教学示范、课堂程序教学示范、课堂应变教学示范。每个示范含有各自的编码。

维度上位的类属为：课堂教学示范。课堂教学示范所包含的关系如下图。

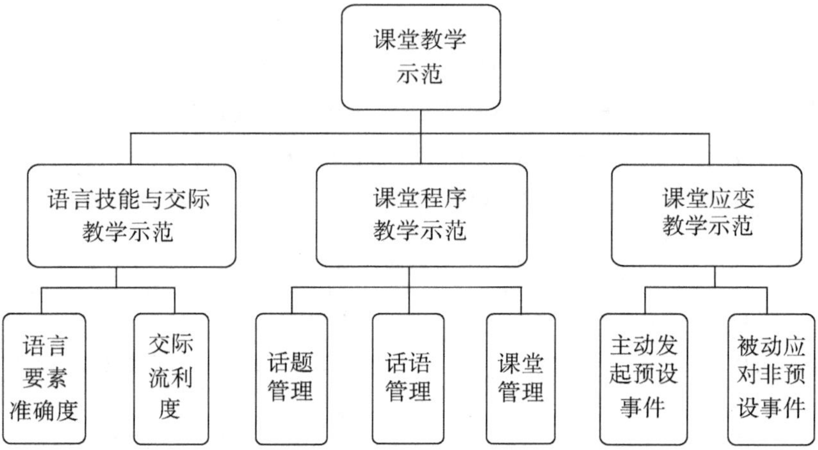

图 2　课堂教学示范编码

如图 2 所示，语言技能与交际教学示范关涉到语言要素准确度和交际流利度，课堂程序教学示范关涉到话题管理、话语管理、课堂管理，课堂应变教学示范关涉到主动发起预设事件和被动应对非预设事件。

3.3.3　资料归类与深入分析

连续比较法作为质性研究中扎根理论的代表路径，并不强调从已有文献或理论出发来建立一个初始的理论模型作为出发点。研究者拥有的主要研究资源为研究者本人和研究实地/研究对象。"研究者本人"作为研究工具，带着粗略的研究主题和做实地研究的基本方法素养，必须先"扎入"实地去搜寻所有"可能"的资料，研究者需要有意"悬置"已有的假设、判断和偏见，最大程度保证研究者全身心地关注研究现场和研究对象。(林小英 2015)

连续比较法适用于单个案多资料的分析。本研究在前期课堂观察与对齐老师首次访谈的基础上，形成了最初分类(表 6)，找到原始的维度与类属。后续资料分析皆在与表 6 的分类进行比较，通过连续比较法不断整合与补充，形成最终的资料分类(表 7)，通过微分析界定出确切的维度与类属(图 2)，直至形成研究结论。最终形成的理论概念模型图宛若合成照片,是对原始资料的有机整合与理论升华。

通过以上对研究过程的描述,我们可将类属分析的路径归纳如下:

原始资料→分类→编码(可与“分类”同时进行,微分析为详细编码)→寻找维度→寻找类属。

第二章　国际汉语教师教育课例模型构建

第一节　既有课例模型研究

1.1　课例研究操作模式及课例研究路线图

课例研究是日本基础教育阶段教师专业发展的主要方式，对日本提高中小学教学质量起到了重要作用。（蒋盛楠 2012）对于课例研究的内涵，高晶（2012）整合学界研究成果，从不同视角给予了较为全面的解释：课例作为研究成果的表达形式，课例作为研究对象，课例作为研究问题的载体，课例作为研修内容或者研修方式。

课例研究在 20 世纪 90 年代初从日本逐渐推广到美国、英国、印度、中国香港以及其他一些国家和地区，不同地域的课例研究基本遵循“四阶段”（准备—计划—授课—反思）和“五过程”（问题—设计—实践—反思—总结）的操作模式。但由于不同地区历史文化背景、教学传统思想等因素的影响，课例研究的操作模式也呈现出多元化的趋势。（陈蓓 2016）具体如下表。

表 1　不同国家和地区课例操作模式一览（转引自陈蓓 2016）

国家和地区	课例研究操作模式
日本	疑问（课例研究所要解决的问题）→规划（问题解决方案）→行动（合作设计教案）→观察（课堂）→反思和重新规划
美国	研究课程，制定目标→撰写教学计划→实施研究→反思（课后研讨会）

续表

国家和地区	课例研究操作模式
中国香港	选取课题→拟定学习内容→确定学习内容(重、难点)→教学设计，课堂实践→教学评价(分析教学)→撰写研究报告(分享成果)
中国内地	确定研究主题→拟定学习内容→学情分析→教学设计→教学实践→后测及分析→改进教学设计→分享交流及撰写报告

杨彦军、童慧(2015)认为中国式课例研究的基本流程包括教学准备、教学实践(含教学观察)、互动评课和总结反思等四个主要阶段与十一个具体环节。通过考察十一个具体环节，我们发现，该流程最突出的特点是全程强调合作教学与集体反思。

陈向明(2011)从实践教育学的视角出发，认为课例研究应当完成四项任务：

(1)情境分析任务，为教育者提供一个可评价的对相关社会文化情境的解释；

(2)目的论任务，列举出教育的目的；

(3)方法论任务，为教育行动和构建教育制度提供实际的观点、规则、建议或指导；

(4)动机和伦理任务，引起、促进和支持那些围绕教育者的教育活动的价值取向和意向。

从这四个方面出发，课例研究可以遵循以下路线图，形成不断向前推进的循环。

图 1　课例研究路线图(转引自陈向明 2011)

童慧、杨彦君(2013)基于上述路线图，总结出该模式下课例研究的两大特征：首先，课例研究是将学生的长远发展与课堂教学紧密结合的有效方式，它将“树人”这一教育的长远目标融入每一单元或每一课的教学中去，使长远目标变得真实并贴近生活；其次，课例研究不仅是针对一节课或一个单元的研究，而且是一个通过教师集体设计、细致观察和研讨反思使教学得以不断改进的循环上升、持续发展的过程。

1.2 大学教师专业发展课例模式

课例研究不但有利于中小学教师发展与教师课堂教学能力的提升，对于大学教师的自身发展同样起到一定的促进作用。2003年美国威斯康星大学引入课例研究，使其成为提高大学教师教学水平的重要方法。将课例研究引入大学教师专业发展，主要基于以下几方面考虑：在理论层面，课例研究符合建构主义学习理论（constructivist learning）和转化学习理论（transformational learning）的要求，强调了成人学习的合作性、反思性、转化力（蒋盛楠 2012）；在宏观背景层面，课例研究适应美国高校教师发展专业化趋势的需要；在微观背景层面，课例研究是卡内基教学促进会发起的大学教与学学术运动的有益探索。

蒋盛楠（2012）认为，课例研究从多个方面促进了大学教师专业发展：首先，课堂教学的意义不仅在于教学本身，更重要的作用或许在于在教学中发现问题，运用相关理论对教学问题深入思考；其次，强调以学生为中心进行观察与研究，实现教学与学习的有机互动，教学相长；再次，课例研究流程相对固定，这有助于新手教师与职前教师的学习与培训；最后，鼓励教师将课例研究与专业研究结合，这更加符合大学教师教学能力与科研能力并行发展的职业要求。

1.3 课例研究对教师教学的促进作用

高晶（2012）探讨课例研究与语文教师话题学科教学知识的关系，认为课例研究能够提炼与改善语文教师的话题学科教学知识，从语文优秀课例中提炼出的相关的学科教学知识，对改善语文教师的专业知识有重要作用。通过课例研究，尤其是通过专家参与的“共同备课”，能够改善教师的学科教学知识。在课例研究对教师学科教学知识的促进作用方面，安桂清（2014）发现课例研究在职前教师学习教学过程中的重要性，认为课例研究的过程是职前教师学科教学知识形成的过程。陈蓓（2016）也从学科教学知识发展的视角出发，分析课例研究在数学教师的学科教学知识发展中的作用，通过实证研究，发现课例研究能够优化教师数学学科知识结构，促进教师教学法知识的融合，激发教师数学学习知识的生长。

在课例研究与教师教育的关系方面，顾泠沅、王洁（2003）认为课例研究是值得推广的教师教育模式。以课例研究为载体的教师教育模式，能够从教师最迫切的教学需求出发，搭建一线学科教师与研究者的“合作平台”，解决专业引领问题。赵德成（2014）通过课例研究发现，教师在教学实践中普遍表现出问题意识缺乏、问题聚焦程度不够、研究设计能力薄弱等诸多问题。课例研究在发现教学问题的基础之上，应当帮助教师成为研究者，管理者和教师教育工作者要进一步落实课例研究的研究性，加强教师研究能力培训，以切实推动教师向研究者转变。

第二节　本研究课例模型构建及实际运用[①]

2.1　课例模型构建依据

通过对2015年春季“对外汉语教学理论与实践”这门课程的全程跟踪，我们发现该课程教学范式有利于学生形成良好的教学愿景，促进学生对对外汉语教学的学科专业知识、程序知识的学习与理解，为

① 本节教学过程环节图及教学模式图等部分内容源自刘路、刘元满（2017）。

学生提供真实的实践环境，通过观察、反思、探究的方式推动学生进行教学研究，有效促进职前教师的学习。

在跟踪观察课程的过程中，我们对全体学生分别进行了一对一访谈，学生们谈了自己的感受，也提出了一些改进课程的建议。在理论讲授环节，有的学生认为部分内容与其他语言技能、语言要素教学课程有重复之处，可进一步整合；在观课环节，有的学生建议“观课要求”的分类与条理可以更清晰；在评课环节，有的学生建议在每次评课讨论后，都提交教学与评课的反思报告，以提高反思水平。另外，备课是课堂教学的必要准备，但在本课程教学过程中还不够充分，多数学生建议增加集体备课环节，教师指导备课，提前发现问题，以使授课环节更为顺畅。

来自学生访谈的这些建议对后来的课程改进都有着非常积极的意义，加上课程评估得到的反馈建议，教师教育者在后来的教学中进行了改进和完善。

2.2 课例模型构成要素

通过回顾本课程的教学过程，结合学生提出的教学反馈建议，本研究依据课例研究的多视角分析以及多种类课例研究路线图，拟建出促进职前汉语教师学习的教学能力类教师教育课程的教学过程环节图。

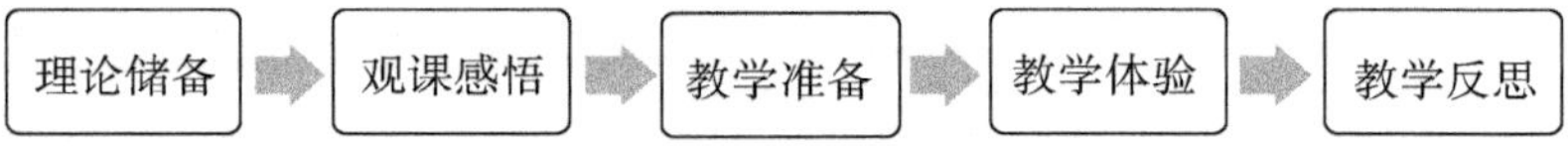

图 2 教学过程环节图

五个环节构成了一个完整的教学过程。首先，以授课方式为职前教师进行理论储备，使其掌握本学科、本课程相关理论知识；稍后，在继续学习理论知识的同时，职前教师进入课堂观课，在理论指导下对熟手教师教学进行全程观摩学习，了解教学步骤，领悟教学原则；在理论储备和观课活动都结束之后，准备进行教学实践，备课；之后走上讲台完成教学体验；课程结束后对课程进行总结、反思。

每一个环节都有具体的内容，每一项内容都应认真完成，五个环节依次递进，环环相扣。这五个环节结束后再通过学生撰写相关理论研究性课程论文以及教师对课程的反思报告，达到课程的升华。各环节主要内容及相互关系见下图。

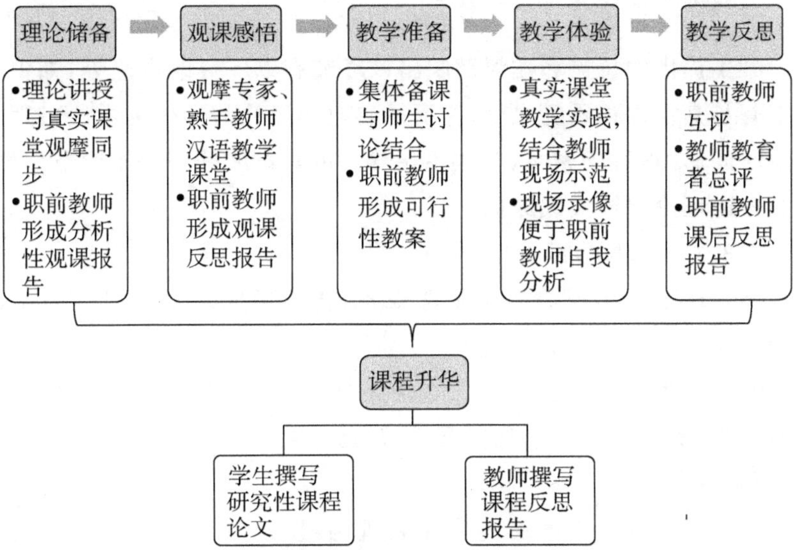

图 3　汉语教师教育课程教学模式图

2.3　以课例模型诊断教学环节

2.3.1　理论储备环节

教师的理论讲授与学生真实观课结合，促进学生形成良好的教学愿景，理解与学习学科专业与程序知识。该环节主要讲授课堂教学研究相关知识，包括教师行为、教师话语、课堂管理、师生互动等，结合技能教学，使学生从整体上学习教学。

从师生访谈中我们发现宏观作用主要表现为：对教学实践有潜移默化的指导作用，建立并强化学生的教学意识。

微观作用主要表现为：使学生学习新的知识（S5），提供研究课堂教学的理论角度（S4），用理论去分析实践中的具体问题（S7、S9）。

齐老师谈到：

> 知识性的东西不要求都记住，只要学生找到自己感兴趣、想研究的点就行了，作为教学实践或者科研的背景，对教学实践有潜移默化的指导作用就够了。

学生提出的意见和建议反映出该环节有以下可改进之处：知识内容上有与其他课程重复之处（主要是有教学经验的学生的看法）；理论讲解时间、知识过于密集，与理论指导下的具体实践还是有脱节之处，希望一段理论一段实践穿插进行。

2.3.2 观课感悟环节

学生通过真实观课做出观课报告，初步形成观察与研究教学的能力。

齐老师为学生提供了详细的观课要求，推荐了供观摩的熟手、专家型教师，要求学生依据观课要求，从起课到结课观摩完整的一课（6～8 课时不等）。

这一环节对学生的影响主要表现为：发现自己对课堂教学的兴趣，甚至影响到对导师的选择（S1）；发现问题，自己教学时改进（3 人）；发现好的教学方法，自己讲课时直接借鉴（4 人）；观课时有意识地运用老师讲的理论（3 人）；学会了观察课堂教学，听完整的一课，从起课到结课，全面观察老师对于每个环节的处理（2 人）；观课指南指导观察视角，提示自己注意很多想不到的角度（3 人）。

S4 谈到：

> 这个是觉得别的地方学不到的东西。因为我们以前上的课，都是你自己怎么去讲课，而不是你怎么去看别人怎么讲。（现在通过观课）也会知道怎么去看自己讲课。

学生访谈显示课堂教学有以下待改进之处：过于细致，有杂乱重复之处，条理不太清楚，需要学生自己整理、分类。

2.3.3　教学准备环节

课下学生自己备课与集体备课或教师指导备课相结合，发现或预设可能的语言教学问题，为学生授课环节做准备。主要作用如下：

(1)有教学经验的学生在对比中学习，将观课的收获与自己的教学经验、本课程教授方法做比较，在备课中选择更适合自己的教学方式(S1、S2)；

(2)运用理论：根据本课程的理论讲解去备课(4 人)；

(3)观课收获的具体运用：取其精华，去其糟粕(6 人)；

(4)实践第一步：认真考量对课堂各个环节的把握(S8)；

(5)反思：提前发现自己的问题(与上课环节结合)，使准备更充分(S5)。

S6 谈到：

> 去看前面几个同学的 PPT，有意识地将观课(注：指观其他同学的课)的收获和感受运用到你的备课当中。挺多的。比如之前她们是怎么讲声调的，之前她们声调有好好纠正和没有好好纠正的(时候)老师是怎么评价的。主要是看她们，包括之前记的她们有哪些做得不好的地方。

在这一环节中，学生较为集中地表现出对第一次走上讲台的担忧，对一些具体问题不知怎么处理。

(1)1 人不知道怎么备课：觉得自己备课然后听老师点评比较有效，以充分暴露自己的问题。

(2)7 人考虑生词的讲解：不知道学生水平与词汇量；不知道给什么例句和搭配好；找到切中意思的图片特别难；自己编例句，语感不地道，语境和例句怎么给？抽象名词怎么教？生词的语境和情境给的合不合适？

(3)1 人认为书上语法点解释不全：不知道自己要扩展多少，两个搭配要不要都讲，并进行辨析。

(4)2 人在练习方面感到为难：语法点花多长时间练习？解决问题的办法有时候是讲课以后才能感受得到的。教材练习不合适，那么自己应该怎么设计？由于第一次上讲台，担心练习开放度太大，会冷场或者脱离自己的控制后不知道如何应对，因此自己设计的练习控制度都比较大。

(5)1 人纠结生词与语法点不够多时：怎么“小题大做”？“小题大做”容易扩充更多的生词，增加学习难度。

(6)1 人担心自己的教学太死板：怎么才能有一些生动的教学形式？

发现担忧与困难的过程，也是自我反思与提升的过程。有的学生谈到，总结困难就是发现自己在实践中的具体问题，不实践是不知道的。学生访谈也反映出学生们很需要教师组织的集体备课指导。作为研究者，我们也发现该教学模式中尽管有“集体备课”的环节，但实际上该年度因课程计划紧密，课时有限，齐老师未能找到合适时间专门安排，只能做到职前教师小组自己备课。

学生自己备课，往往不易找到合适的例句，有的句子改编后会不符合母语语感。在教师指导下的集体备课，可以帮助职前教师扩充、丰富搜集资料的途径。

集体备课可以提供教师教育者、学生共同头脑风暴的宝贵机会。一些错误可以提前发现从而及时避免，如生词例句中还有别的生词；教师教育者展示备课方法，如例句怎么找、情境怎么给；同学支招集思广益，共同提升备课质量。

有鉴于此，齐老师在 2017 年春、2018 年春再开此课时，采纳学生有益建议，专门增设了生生小组备课之后再师生集体备课的环节，收效良好。具体反馈可见后文。

2.3.4 教学体验环节

台上学生真实授课、教师教学示范与台下师生现场观察结合，实践机会得以最大限度地利用。职前教师访谈中提到了以下多方面收获。

首先，真实的课堂教学，其效果远优于观看教学示范录像与同学间的模拟教学。

> 学生比较了观看教学示范录像和同学间互相模拟教学的方式，认为教学示范录像是“点评别人，我们可能在她身上发现很多问题，但是这种点评很难和自己的实践结合起来，可能实践的时候我会有同样的问题、犯同样的错误。但是这种（教学体验和教学反思）环节，自己讲完了，大家点评，自己也点评（别人），会让我对我自己的问题有一个意识”（S6）。
>
> 而模拟教学时“下面都是我的同学，模拟的时候很简单，有点儿像说课的那种感觉，走流程的，我第一步讲什么，第二步讲什么。它不够具体，很多问题体现不出来。很多教学当中的问题是你自己真正实践的时候，看学生的反应，看你自己的表达、设计的方式，所以这个（注：指真实授课环节）更能体现出一些真正的问题来。示范课和模拟课不太真实，所以收获就不是很大”（S7）。
>
> 教学录像“不真实，过于正规，没有临场感，收获不是很大。相比之下，自己上课，才能发现自己真正的问题在哪里”（S1）。

其次，发现职前教师教学的主要困惑和问题。例如关于理论与实践关系的处理：指导教学的抽象理念如何与真实课堂的具体实践相结合？部分职前教师以学生的心态看待教学实践，教师角色的意识尚未树立；掌控课堂能力、随机应变能力差；如何讲解、练习生词与语法点，在具体的课堂教学中，是职前教师最为困惑的问题。

再次，在职前教师的教学与教师教育者的现场示范教学的对比学习中，印象深刻，效果明显。看到老师是怎么把理论应用于实践的，使老师的具体指点有更加具象、真实的意义。这主要体现在以下几个方面。

(1)抽象教学理论原则的具体运用：

复述——课文的情境练习，如过海关安检(S2)；

精讲多练——交际性的练习(表演对话、情景模拟，不是填空读课文)(S3)。

(2)临场应变能力：应对课堂突发事件(S3、S4、S8)、桌签识新人(S2、S6)。

(3)掌控课堂节奏，调节课堂气氛：不戛然而止，让学生轻松愉悦地学习、复习知识(教师访谈)。

(4)补充教材没有、但已是生活常态知识的必要性，如微信(S9、教师访谈)。

(5)教师的责任心，如教师教育者对职前教师提前下课后的“补台救场”(S3、S4)。

最后，克服紧张焦虑，树立上课信心。有 6 位同学都是首次走上真实课堂，“白纸一张”。

在上课之前：忐忑紧张(5 人)，没有信心(S4)，“手脚不知道怎么放”(S8)。

在上课之后：有遗憾(S4、S5)，但克服紧张焦虑，树立上课信心，对未来的教学实习有期待；“有储备，不再是白纸一张”(S5)；“不再一无所知，心里有底儿了”(S7)；“真的有信心了，我有信心 hold 住一节课了”(S9)；“给他们上课其实也没有那么可怕，心理上克服了这个障碍……对接下来的教学实习充满了比较乐观的态度。……你就会觉得来吧，大家都来吧，我可以教好你们。我相信我八九不离十都能把你们带活，讲得还不错”(S4)。

2.3.5 教学反思环节

强调即时性反思，培养学生专业化的反思意识。授课之后马上进行学生互评、教师点评，提升学生在反思与合作探究中进行教学研究的能力；课下学生形成授课与点评反思报告，使反思与研究水平更具理论深度。

在学生互评环节，学生基本都做到了心情平静，理性、客观、虚心接受大家批评（9 人），同时，“希望听到更多的问题和批评”（S9），也希望一开始先被肯定一下，“没有功劳也有苦劳”（S4、S8）。大家发现自己意识不到的诸多问题，合作学习弥补了自己教学反思的局限性，大家的评论对自己帮助巨大（9 人）。总之，这一环节可以培养学生们的多种能力，如尝试以职业眼光去发现别人的问题，反观自己，激发自己的创造能力；关注细节问题，提高观察教学、观察教师的能力；锻炼理论联系实践的能力。

在教师总评环节，大家普遍认为老师一针见血，画龙点睛（5 人）。学生多在细节问题上用心，而老师指出的是核心、宏观问题（如总是念课文，交际性太差）；老师总是重点强调突出问题（如教学基本功要过硬，注意教师角色，讲解生词时要提供搭配和例句）；老师结合情境与具体问题，给出十分有效的建议（如怎么分组，怎么复述课文，如何提供例句，如何进行交际性练习）。对学生而言，这是整个课程收获最大的环节，是“击中要害的精华”（S3）。

该教学模式在理论上可以全面促进职前汉语教师学习，推动其形成教学愿景，理解与学习知识，充分利用实践机会，培养教学研究能力。在实践中，可以切实提高研究生培养质量，合理高效地进行汉语教学，是教学能力类汉语教师教育的一个良好课例范本。

该教学模式最终进入“课程升华”环节，培养职前教师关于教学的研究能力，并为教师教育者提供反思路径。

职前教师尝试运用所学理论知识，分析课堂教学实践。该年度职前教师们所撰写的课程论文如下：

（1）《对外汉语课堂提问研究》；

（2）《对外汉语课堂话语模式研究》；

（3）《论对外汉语课堂中非预设事件对教学的影响及应对策略》；

（4）《对外汉语课堂教学效率研究》；

（5）《对外汉语教师课堂掌控能力初探》；

(6)《复述训练在对外汉语教学中的运用研究》;

(7)《对外汉语课堂教师非语言交际研究》;

(8)《对外汉语教学课堂导入语分析》;

(9)《教师如何营造对外汉语课堂气氛》。

从所选题目看,都是紧紧围绕课堂教学展开,将理论学习运用于实践,通过融合与探索解决其中某一个具体问题。

教师教育者回顾授课整体过程,回顾每个教学环节,结合课程中学生的反馈及学期末学校的课程评估进行反思,在今后的教学中进行合理调整,从而更好地完成课程目标。如果该类课程评估太低,或者学生普遍反映效果不佳,则可以从具体环节入手进行诊断,针对不足进行改进。正如齐老师在访谈中所言:“整个课程结束之后,希望他们不仅能够了解一些知识性的东西,同时也有一些实践上的技能,能够充满信心地走向新的课堂,一个真正的课堂。还有就是他们能够充满信心,相信自己有能力去解决任何问题。这不光是专业知识,也是一种品德教育。”

第三章 教师教育者的教学信念与课堂教学

第一节 教师教育者的教学信念

1.1 学科和专业发展的信念

“对外汉语教学理论与实践”课程自建课以来一直在不断调整中进行，授课形式从团队合作改为独立授课，授课内容从无所不包逐渐精简聚焦。教授本课程的齐老师作为教师教育者，从建课开始就全程参与该课程的授课和改革，历时 10 年后独立授课，根据学科发展以及研究生课程设置变化而不断调整课程形式和内容。教师教育者对学科的认识、对课程的思考以及其固有的教学信念都会影响其对课程教学内容、教学方式的选取，在保证教学质量方面起着重要作用。教师教育者的教学信念决定其对教学的认识，指导其教学行为，影响其对教学如何进行反思。而教师教育者对于教师自身的期待以及学生素质的期待也会影响到其教学行为。

作为学科内容，常常会将汉语第二语言教学和汉语作为外语教学予以区别。从教师角度看，前者是汉语母语教师教授汉语，后者是非汉语母语教师教授汉语。汉语母语教师既可能在目的语环境教授汉语，也可能到非目的语环境中教授汉语，但绝大多数还是在中国，即目的语环境中教授汉语。齐老师认为：

> 如果教学内容是(教师的)母语，就只能是汉语作为第二语言教学，就像 TESOL 和日本语教育。

> 当初(大学老师)还没有要求博士学位的时候,所有学生都是到大学任教的。现在改变了,这些学生不能够到大学去任教,他可能会到国外去,但是我们所讲的这些内容,并不是把它作为一种外语来教的。母语就是要教的目的语……这主要是教学对象决定的。

“对外汉语教学理论与实践”是给汉语言文字学专业开设的必修课,与汉语国际教育硕士专业的培养目标不一样。汉语言文字学专业的学生,倾向于在理论、研究性方面,打下比较扎实的基础。专业型硕士强调应用性,要求在教学方面是高手,不突出强调研究性。但是从实际社会需求考虑,汉语言文字学的学生将来也要走上教学岗位,既要了解教学方面的理论,又要同时成为一名好教师,所以不能培养为纯研究型学者。

2006 年至 2009 年学院曾与中文系合作开过三届对外汉语教学师资班,尽管培养目标明确为教师,强调实用性,但还是学术型硕士,学位论文也是研究型的。2009 年起该项目停招,改为学院单独招收专业学位的汉语国际教育硕士,突出应用性和实践性特点,专门设置了一门上两个学期的“语言要素教学”必修课,侧重于教学,如汉字教学、词汇教学、语音教学、语法教学等,由不同研究专长的教师共同授课。“对外汉语教学理论与实践”这门课仍然只面向学术型硕士,没有向汉语国际教育硕士开放。不过从教学内容来看,这两门课仍有一些共通之处。

如果认为汉语言文字学和汉语国际教育相通的东西多,那么授课就会求同。求同的结果是课程打通,谁都可以选。反之,如果认为这是两个不同的专业,学习目标不一样,那么教学就会求异,求异就会强调二者的不同,课程不打通,或者不全方位打通。

> 有人说这两门专业有什么不同?将来不都是一样教书吗?为了节约师资,这两个课打通吧!结果有时候一门课能上到六七

十个人，而且是三个专业：学术型硕士、中国汉教硕[1]和外国汉教硕。因为学制不一样，外国学生是两年，中国学生是三年，所以开这个课程不能不考虑到不同的专业、不同的类型，所开的课应该是不一样的。否则没必要那么麻烦，干脆都上一种课算了！

齐老师貌似主张求异，但实际上只是强调课程有所区别，教学质量却都同样从严要求。由于北京大学对外汉语教育学院语言学及应用语言学专业博士学位名额只有3个，假如按照一般的博士培养方式实行硕博连读，那么硕士生生源应该是学术型硕士。如果学术型硕士和专业型硕士课程打通，修"语言要素教学"这样的实用课程的同学，攻读博士的基础是否足够牢固？从培养博士的角度考虑，硕士阶段的课程就应该特别强调研究性，又由于将来的职业特点，需要在理论性和实践性两方面同时着力，综合培养。

1.2　理论与实践关系的信念

"对外汉语教学理论与实践"课程是基于课堂进行的，那么基于课堂的"理论"是什么？基于课堂的"实践"是什么？二者之间存在什么样的关系？

有人认为该课程应该重点讲授理论，实践部分让学生以后去课堂上泡一段时间就可以了。根据建构主义学习理论，学生主体在意义建构和教学互动中所起的作用应受到重视，需要有时机触发他们对教学进行深入思考。齐老师认为教学理论是指导教学的普遍规律，实践是理论在课堂中的具体体现，理论和实践不应该割裂。关于汉语第二语言教学的理论，学生们已经在本科阶段或者其他课程上接触了不少，本课程应该将教学理论集中于课堂教学方面，让学生了解适用于课堂教学的普遍性原理。但仅仅掌握理论不是目的，而必须要将所学理论落实到具体授课过程中，在实践中再加深对理论的感悟，发现问题能

① "汉教硕"为汉语国际教育硕士的简称。

够自我诊断、自我解决，也就相应培养了研究能力。因此齐老师主张除了理论知识的积累外，实践也应给予示范。用较为充足的时间指导，用适当的方法推动，利于学生将所学理论用于教学实践，最终建立正确的教学理念，今后继续帮助改进教学。只有这样做，学生才能少走弯路，很快成为合格教师。

> 实践背后有理论支撑，不能盲目地让学生去自己摸索。可能有人会说，当年我们也没人指导，我们也是那么摸索出来的，但是你弯路走多了，有时候因为弯路太大，会影响到学生的信心，就撤了(指离开这个行业)，或者被留学生评估很差，信心也会不足。结果，本来是一个挺好的苗子，应该茁壮成长的，但风霜一吹打，最后干枯了，或者搞得营养不足。所以说，这个指导过程就等于施肥、浇水培养的过程。施肥浇水也有讲究。

技能教学要有教学法的指导。如阅读有图式理论来指导，听力、口语，又跟听说法、交际法相结合。指导教学的教学理论并不单一，多种理论的共同作用决定了本课程的教学内容和教学方法。而教学又是实践性、体验性的，这一特点决定通过体验性活动才能对所学理论有更深入的了解和感悟。

> 理论知识要通过实践活动才能够融会贯通，而实践性活动必须要通过体验才能完成。过去的模拟式教学是有不足的。……教学就是体验性的活动，教学技能、教学水平的提高，跟教师的实际操作和教师的经验密切相关。

在这门课上，齐老师特别重视理论和实践相结合，理论部分占2/3，实践部分占1/3，期末成绩构成为：备课材料30％＋课程论文70％＝100％。

> 他们和博士生不一样。……我所讲的东西有可能他们不太了解，不知道这些内容的话，这门课的意义就谈不上了。所以前边集中讲理论，后边有5周用来实践。

在以讲授为主的前几周课上，除了相关理论基础和教学规律之外，也有理论与实践相结合的内容，一般来说都会运用理论知识，结合语音、词汇、语法、教学法、跨文化交际/中国知识等进行分析。比如，齐老师有一次给学生布置了课下作业，要求学生提前思考下面的问题。问题都是齐老师在日本进行师资培训时从当地汉语教师那里征集而来，由于在日汉语教师的教育背景多样，有些问题可能看起来不够专业。征集到的问题大大小小一百多个，齐老师将这些问题进行归类。有的可以即刻回答，有的则需要进行讨论；有些答案是确切的，有些答案却是开放的。以下试举几例。

表 1　来自日本汉语教师的问题

问题类别	具体问题
语音	yu 和 wu 发音的区别是什么？
词汇	“高兴、快乐、愉快”辨析。
语法	“了”怎么讲？
	语法点的教授有没有顺序？
	“どこが银行ですか？/银行はどこですか？”是“是”字句还是存现句？
偏误	别忘。
	我几乎遇到交通事故。
	我有一个心事，就是不善交际。
课程	听力课程怎么安排比较有效？
教学指导	对初学者来说，词的种类都记不清楚，如何去记语序？
	如何辅导中级水平的学生？
	用中文解释怕他不明白，用日语讲怕提高不了他的中文。怎么办才合适？
	如何使处于汉语环境之外的汉语兴趣学习者保持对汉语的学习兴趣？

为什么要给学生使用这样的材料呢？齐老师主要是从教学环境多样性来考虑的。

> 在国内目的语环境中，学生的偏误表现是多种多样的，国别化的错误不那么集中，因为一个班里会有多种国别。从汉语本身的角度来分析，这个是处所，这个是定语，应该放在哪里，体现的是汉语语言本身的规则。但是如果母语为汉语者在非目的语环境中进行汉语教学，学生在自己的母语环境中学习外语，这时候所呈现出来的偏误是集中在一个国别的。有些偏误，有可能是心理的，由一些交际文化碰撞（所致）；还有一些是语际的，比如汉语和日语的语言特点不同导致；还有就是由于汉语老师本身的专业不一样，对汉语的认知程度、了解程度也不一样，所以他们会提出很多问题。

齐老师谈到从日本汉语教师中收集来的问题会更真实、更有针对性。参加师资培训的学员都是来自学校和培训机构的汉语教师，有的刚入行，也有不少已经教学多年，但没有机会进行交流，所以一些问题可能已困扰很久。教师教育者靠自己判断而提前预设的问题不见得是那些学员需要的。这些从实践中收集到的问题，需要用一些理论知识去化解，事先无准备、当场解答的做法具有一定的挑战性。齐老师也坦言，对于自己收集来的问题，没有把握的也不能随意解释，而必须查阅资料。所以合格的教师教育者，应该能够用理论去解释语言现象，用理论去解决来自实践中的问题。齐老师表示：

> 你能针对他们的问题提出解决方案，他们会觉得收获很大，很解渴。
>
> ……不是我给你讲，我要你听，而是你想从我这里听到什么。我从你那里得到问题，这就是问题驱动。你是问题驱动来参加的，我也是问题驱动来回答的，我们在学科里面共同耕耘。你提出的问题，有些可能已经有答案，但是有些也许是新的课题。这样的互动非常有必要。

正是这些十分真实的、来自教学实践的问题，让同学们摩拳擦掌，跃跃欲试，不仅提高了他们解决问题的能力，而且还促使他们去发现问题，主动思考并尝试进行研究。

在实践环节上，齐老师强调进入课堂观课与真实性教学体验。早期的教学内容中有一章是“课堂录像观摩与分析”，主要对不同课型不同级别的教学环节和教学方法进行分析，教学中使用的录像既有学院自己录制的，也有出版社出版的成品。由于这些录像都不是采自自然课堂，而是专门拍摄而成，因此内容集中，时长有限。有的集中于介绍授课环节和教学技巧，有的只对课堂主要环节进行剪辑，都是“理想课堂”或者是课堂“净化”后的浓缩版，与自然课堂还是很不相同的，学生无法了解自然课堂的全貌。因此这门课也同时设置了进入自然课堂去听课的环节，不过早期只是让学生去听课，并没有具体要求，比如要求哪些是需要注意观察的，哪些是值得了解和学习的。齐老师为学生提供听课方案，如分级别、分课型听课，听熟手教师、专家型教师授课，制定具体听课细则，指导学生以职业眼光去观察课堂。

> 去观摩课，就是去看一下整个的课堂，不同的教学环节，教师啊，学生啊，不同的因素，影响教学的这些不同的因素，是个什么样的分布。

学生观课之后，需要按照教师的要求提交听课报告。老师有时候会从中摘录一些发给学生分享，不过并不组织讨论，因为课时有限，教师教育者更愿意专注于该课程独有的内容。

1.3　课程内容和教学方式的信念

齐老师认为要想上好课，有几个方面需要特别注意。首先，要了解已有的相关成果，了解相关研究领域的现状；其次，要有自己的研究，在某个研究领域有所贡献。无论是对课程的把握，还是对学生的培养，都可以作为研究对象进行研究。教师不能照本宣科，如果只是告诉学生，某某学者研究了这个问题，某某问题有哪些学者在研究，那只能算是一种介绍，是远远不够的。

课程内容涉及语言技能教学和语言要素教学。齐老师先讲语音、词汇、语法这样的语言要素教学，然后是听力、口语这样的语言技能教学。对此，齐老师是这样考虑的：

> 这两个板块不一样，一个是教什么，一个是怎么教。按课型设课，导致你得这么教。……我们会把教学内容怎么教作为一个板块，语言技能怎么教作为另一个板块。我希望学生（对）各方面教学都要有所了解。

尽管齐老师希望学生对教学进行全面了解，但因为课时有限，必须有所取舍，有所侧重。基础综合课和口语课这两个课型各高校和机构都会开设，属于必修课，而新手教师一般都会从这两门课入手。阅读和写作是高水平学生更为需要的，学生人数可能比较少。齐老师认为对读和写都应该进行实验性的教学，如面向真正的留学生开设模拟写作课。应该按照所有的课型来开课，但“对外汉语教学理论与实践”的实践授课只能做到以综合课为主，而且是偏口语的综合课，因为这是基础之基础。

根据课堂观察，齐老师前期所讲的内容信息量非常大，很多理论和技巧相结合，非常实用。在被问到“因为信息量太大了。您有没有这种担心？就是学生听完就过去了，不一定都记得住。他真正实践的时候，您讲的这些东西不一定都能在脑子里作为知识背景的储备，因为信息量太大、太集中”①时，齐老师认为知识性的东西就是这样，老师所讲的内容并不是要每个人都记得扎扎实实，学生找到自己感兴趣的点就行，而且齐老师并不认为讲得太多。

> 有一些东西你可以作为背景。有的东西你有兴趣，再继续去

---

① 语料来源：第一次访谈齐老师的录者文本。访谈提纲参见附录1。

研究就很好。有些可能现在记不住,但是需要的时候能想到,老师好像谈过这个,去调一下这个背景,再通过一些路径去查找。我担心我讲得不够,不担心讲得太多。现在他们汲取知识的过程和渠道太多样了。实际上,要是分摊到16周,所讲的东西并不多,在做实践性活动的时候,前面所讲的那些内容,会潜移默化地起指导作用。

齐老师在课堂上也会结合学科发展历史或者学界热点进行讲授。有一次谈到教材中的意识形态,大家注意力都很集中,听得津津有味。而这个内容并不是该课程大纲的中心内容。为什么齐老师会偏离原来的教学计划呢？齐老师是这样考虑的：

我觉得偶尔可以给学生们吹吹风,不止局限在所讲内容上。现在同时期外界在干什么,周围发生了什么事,应该让学生们了解,否则学生看到的都是过时的东西。你总得与时代同步,与时俱进。可以通过一些事件告诉学生,比如参加国际会议的情况,一些研究者本身的情况,一些研究背后的人的作用。有些事就是由人来推动的,那么推动的这个人就很重要。……学界一些非常新的信息,在课上以一种不经意的方式介绍给学生,因为这些都不是那么大的话题,不需要专门讲两个小时。这种适当的、跟汉语教学相关的事件应该让学生知道。另外这样做也属于一种上课调剂。

齐老师显然并非无目的地漫谈。她希望课程能上得更为有趣,也希望学生通过这门课了解到更多信息,这些都会对学生的教师认知、教学意识产生潜移默化的影响。从调剂课堂气氛出发,也需要引入一些前沿或热点内容,用来扩大学生视野、舒缓课堂气氛,同时还能引发学生探究的兴趣。

我们观察到,在课堂上齐老师谈到过个人教学经历,如当年第一次教外国人的感受,到国外大学任教的故事,她不认可教师是蜡烛的比喻,而强调当老师也是一种学习。这么做是不是有意给学生施以影响和示范呢？齐老师是这样讲的：

> 跟学生在一起的时候，有些人会问“老师你怎么就会从事这个工作？你有什么感觉”，这些事情就可以作为一个闲聊的引子。另外个人的经历会对自己的人生轨迹产生一定作用。我也愿意他们了解我一些，有几件关键的事情影响了我的教学理念，在我的教学生涯中都是比较重要的。我还不是那种板起脸来，根本不说个人的。人还应该是人，不是神。……不能说我只讲课堂内容，其他就不涉及，那样的话人会比较干。

齐老师主张教学“润物细无声”，在课堂上让学生保持一种闲适的心态。

> 老师不必特别说明这是在学习，这是在完成任务，需要正襟危坐。要是总给学生这种气氛，上课会非常累。课要上得看似不经意，但最后发现点点在其中。

由此我们可以看出，在课堂教学方法上，一些内容看似“闲篇”，其实起着调剂作用，课堂气氛因此而变得十分轻松，拉近了师生距离。我们还会发现这些内容最终并非“无用”，它仍然体现出教师的教学目标和教学理念，但却更容易让人感悟到，产生“共情”。

1.4 研究意识的信念

“对外汉语教学理论与实践”这门课程建课十几年来，一直都是教师讲义，并没有固定的教材。这与学科发展有一定的关系。学科性质、学科理论、研究领域、研究方法等都处于不断充实、不断调整的状态，而该课程又经历了由数人共上到单人进行的方式，每位老师对学科的理解和把握不尽相同，因此授课的内容并不完全一致。

齐老师认为研究生课不能照本宣科，也无法照本宣科。早年的课程门数不多，内容求多求全，而随着学科发展，课程逐步细化，该课程则集中在课堂教学方面。课堂教学内容同样很庞杂，讲授时间只有十次课，哪些是必须要讲的呢？

在历年的课程大纲中，基础理论及教学法的介绍都是重头戏，也是这门课的核心内容。还有一部分内容则是不断充实和更新的，如教学意识、课堂管理，与课堂教学有关的内容越来越丰富。在2015年春季的课上，增加了一个新内容“教师课堂十大话语能力”，齐老师谈到设置初衷：

> 我觉得学生在讲课之前就要知道哪些是应该掌握的话语能力，哪些是应该对学生讲的话。……你要评判一个教师，要看他的话语在哪些方面优质……不可能十大能力都优质。在某些方面是优质的，某些方面不是优质的。学习这个你就能够分辨，之后就能够判断。

齐老师认为课堂教学中会出现很多新的问题，需要我们去解决。教师要及时运用人们的研究成果，但也要有研究意识。不过对于教师教育者来说具有阶段性。

> 你必须要对这个学科或这个领域，多少有一些贡献……也给学生一种研究意识。但是这都需要积累到一定程度才能做到。那么，对于一个新上路的教师教育者，有可能还没有形成个人研究，就得多读书，把这个领域的研究现状先捋清楚。起码让学生们了解：原来现在研究到这个程度了。

齐老师除了在课程内容上进行调整外，也特别注意培养学生的研究能力。为了鼓励研究生在读书期间就进行研究，能够在一般研讨会规定的时间内陈述个人研究内容，齐老师一改过去结课后让学生利用假期时间完成课程报告的方式，专门安排最后一次课让学生做口头报告，结课后在口头报告的基础上写成论文：

> 最后一周是经过考虑之后调整的，我想让学生们做报告，每个人15分钟，就某一个感兴趣的方面去读书。这是今年新加的，去年没有。

以上所列信念，从学科意识和专业发展的理解，到理论与实践关系的思考，到课程内容和方式的调整，再到对学生研究意识的促成和培养，既有宏观方面的把握，也有微观方面的设计，教师教育者通过这些信念的传递而使课程达到所设定的教学目标。

第二节　教师教育者的教学行为

2.1　注重扎实的基本功

在 2015 年春季上第一节课的时候，齐老师给学生们每人发了一到两张小纸条，让大家用拼音把这些句子写在黑板上。这些句子如下：

1. 他在西安买了一幅中国画儿。
2. 马力想去哈尔滨玩儿。
3. 李军君写了一篇旅欧日记。
4. 据说老北京爱吃臭豆腐。
5. 这边儿是阿迪达斯的。
6. 这是加州的一个小女孩儿。
7. 她不就是李叔叔的女儿吗？
8. 你不得不承认广州人爱吃。
9. 孔丽是个可爱的安徽姑娘。
10. 我爱北京天安门。
11. 我差点儿认不出李艾艾了。
12. 他们找得着林一鸥吗？

同学们纷纷走到黑板前写下拼音，能够看出来有的同学是边思考边写上去的，有的同学写了又擦，擦了又写，有些同学明显流露出不自信的神情。齐老师一边给大家改动，一边讲解汉语拼音应该注意的问题。最后黑板上呈现出这样的状态。在座的同学看到所有人都写错了，都非常震撼。这门课就是在这样的情形下开始的。

图1　学生汉语拼音拼写状况

齐老师之所以采用这种方式开始上课，“是想让大家从开始就建立实践性意识，也想让大家意识到一些基础的、基本功的东西并不见得都掌握了”。

齐老师有着丰富的担任公派教师和志愿者出国任教面试考官的经历，很多面试者因基本功不足而带来问题。这门课程在研究生第一学期开设，用这样的方式会让学生意识到这不仅是一门理论课，更是一门实践课。

> 基本功不扎实，想做下一步的研究是谈不上的。所以要培养学生对这个课存有敬畏之心，对这个课有所期待。

2.2　列举大量的适恰例证

齐老师讲课时会列举大量的鲜活的例子，信手拈来，用来诠释理论特别贴切。从课堂观察来看，齐老师举例频率非常高，很多例子都与校园生活关系密切，反映年轻人现在的情感和关心的事情，学生特别喜欢听那些例子，注意力都能保持高度集中。这不由使我们惊讶，这些例子是备课时提前准备好的，还是现场自然而然想出来的呢？齐老师大概没有想到会被问这个问题，思考片刻回答：

> 你现在说的这些我都记不得了，那个时候吧，脑子里可能有一个例库，可能是因为经验多了，然后就自动化了。……我在备

课的时候，会把问题的关键先提出来，例子基本上是现场举出的。毕竟在这个行业已经干了30年，有很多例证可以很好地解释或者证明你所提出的观点。在我脑子里有很多例子，已经可以自动化提取，不需要提前想太多。

齐老师认为自身的外语学习经验对自己的教学也有帮助：

学外语对我还是很有帮助的。模仿他们，得懂他们的语言才可以做到。我信手拈来的一些例子，比如说英语和汉语之间的差别，日语和汉语的语音的不同，是因为我知道二者语际的不同，我就能够以例子来印证，说明这个偏误产生的原因，并说明怎么来解决这个偏误。

齐老师也强调积累的重要性，告诉学生知识储备很重要，过去所学的东西都不会浪费：

我觉得首先还是在于老师的储备，储备再多都不嫌多。真正是学无止境！你所学的很多东西，都能够帮助你（教学）。

这说明齐老师的职业生涯中遇到过很多事件，并已经对这些事件进行了归类，而作为教师教育者，对这些事件背后的理论支持是了然于心的。用恰当的例子来佐证理论，特别能够抓住学生的注意力，并能够适度调动学生头脑中已有的图式，利于学生自己对新的理论问题和知识进行建构。

2.3 惟妙惟肖模仿留学生

我们在对学生的访谈中问到对老师印象最深刻的地方，绝大部分同学提到两点：一是老师举例的能力，二是模仿留学生语音语调的能力。有的同学表示从来没见过可以把美国人和日本人的调子学得那么像的老师，有的则说无论如何想象不出以前给自己上过课的老师会做这样的模仿。

齐老师认为语言老师的模仿能力很重要，模仿和表演能力会使课堂更轻松。而模仿能力可能多多少少带点儿天性。齐老师小时候周围邻居天南海北的人都有，于是齐老师就学说他们的方言，对语音的辨别能力可谓环境使然。另外，齐老师说自己小时候也是文艺积极分子。

> 这可能和个人的个性有关系。我小时候喜欢模仿，表演个节目什么的，我肯定是铁杆儿。还有一个原因，我觉得只有表演真实才能够让学生有临场感。本可以模仿出来的东西，如果一板一眼地复述出来，乐趣就没有了。这也是调剂课堂气氛的一个比较有效的方法。

在这门课上，了解及纠正汉语学习者偏误是一项重要内容。研究生们很少接触外国学生，或者只接触过单一国别的外国学生，中介语知识大多从书本上得来。而语音特点不像其他语言要素，它很难从书本上感知。齐老师能够对一些不同国别的汉语学习者语音特点逼真模仿，语音、语调，以及词汇和语法方面的表达错误，都是表演出来的，学生们在欢乐轻松的气氛中就对汉语学习者的偏误有了清晰的了解，齐老师也显得很有亲和力。

> 我觉得适时地有一些模仿表演，你会拉近跟对方的距离，很多隔阂就没有了。好的谈话者，应该是让对方不知不觉受到你的影响，不知不觉接受你的观点，而不能像谈判那样：你必须听我的，否则拿不到合同。让对方接受你是心悦诚服的，那是一种能力。

把语言课堂上发生的事情用表演形式展示出来，学生作为观众，如身临其境，自然产生共鸣。老师的举例印证了规则，学生会比较认可，思路跟着老师继续往下走。而讲授的内容还是需要通过多种方式才能让学生了解和认可。

> 你要是讲3个小时，就讲干货，中间没有这种调剂的话，别说学生如坐针毡，连我自己都觉得好无趣啊！

2.4 应对教学突发事件

五次教学实践活动，齐老师基本上都是放手让学生们上台去试讲，没有到前边跟招募来的留学生志愿者有过教学互动。但有一次，齐老师坐不住了。一位同学把自己准备的内容讲完后，离下课还有20分钟，便宣布提前下课，台下的留学生有些摸不着头脑，也准备收拾离开教室。这时老师快步走上台去，接着刚才的内容讲起课来，进行了“救场”，直到正常下课时间才让学生离去。齐老师把这个事件看作教学事故，她只能亲自上台去补救。

> 一个完整的课，无论如何是不能中间停的。在这个时候我和进行教学实践的学生已经成为一个团队，而学习者的课堂被无端打断，这可不行！我们是一个团队，这个时候只有我去救场比较好，因为别人没有备课，让另外一个新手去应对这样一个场面，肯定是一个很大的压力。这属于突发事件，我要去补充，同时也有一个示范作用，就是说这个课必须具有完整性，不能停止。再有一点，这么做我想是亏欠（留）学生的，我去补救，相对来说会让（留）学生心里平衡一些。

我们也很想了解齐老师上去讲课除了救场之外，有没有给研究生们演示一把，让学生看看专家型教师到底是怎么把控课堂的想法。

> 这个倒没有特别地考虑。我想的更多的是课堂必须要有完整性。这是个教学事故，在这种情况之下我们要救场。我也想告诉学生，如果你有足够的经验，那么这些所谓的意外或者突发事件，都是可以处理的。但是要说完全没有考虑，好像也不对，也想说明有经验的教师在处理课文的内容啊，课文的语言点啊，是有一些办法的。

齐老师的话语中并没有表示特别考虑到要进行示范，但其内心深处却也有一些念头，希望任何事情都能够让学生有所收获，这与其教师教育者的身份是吻合的。

全程目睹了这一场景的同学，反馈非常热烈，一位同学说：

> 那天真应该感谢那位同学，因为一下子看到了老师到底是怎么教留学生的，学到了特别多的东西。

另一位同学也特别感慨地说：

> 感觉老师一上去那俩学生就活过来了，尤其是那个瑞典小男孩儿，刚开始特别木，老师一来，脸上就开始有光了，开始笑了，同学们都注意到了，很感谢有这样一个机会看到教师教育者的亲身教学示范。

第三节　教师教育者的教学反思及课程评估

3.1　教师教育者的教学目标

所有的课程都有课程目标，“对外汉语教学理论与实践”课程也不例外。一般来说，课程目标都紧紧围绕课程性质展开，具有较长时间的稳定性，无论哪位教师担任主讲，基本任务一样，通过一个学期的授课，最终完成教学任务。在2015年的课程大纲中，关于教学性质和目标描述如下：

> 本课程以对外汉语课堂教学方面的基本理论为基础，使学生既能充分了解汉语教学方法和教学组织与课堂管理方面的规律，又能切实提高相关能力。通过教学观摩，了解教学程序；通过实践课堂，进行教学设计，制作教学课件，将理论运用于实践。具备在实际教学中发现问题、解决问题的能力，并能将相关研究成果及时运用于教学中。

从这一描述中，我们知道该门课程突出理论知识的把握，要求学生充分了解汉语教学规律，进而指导实践，并具备一定的研究能力。在实际教学中，教师本身的教学信念也会对教学目标产生影响，对学生的期待会融进其教学行为，并体现在教师话语中。齐老师谈到了她对学生的期待：

> 这个期待就是学生在上课之前对自己有一个准确的定位。在进入课堂时，知道自己已经了解什么，需要什么。整个课程结束之后，希望他们不仅能够了解一些知识性的东西，同时也有一些实践上的技能，能够充满信心地走向新的课堂，一个真正的课堂。还有就是他们能够充满信心，相信自己有能力去解决任何问题。

正如前文所述，齐老师具有一种学习力信念，除了该课程的具体目标外，她希望学生能够通过学习，具备终生受用的能力。

> 知识是一个不断淘汰、不断更新的过程。三年前的知识到现在肯定就不能用了，但为什么我们没有感觉自己落后，是因为你有学习力。这个学习力能够促使你不断地去学习新的东西，新的东西慢慢又成了你自己的东西。所以我希望从我的课上出来的学生，能够对自己充满自信。知道怎么去学习，学习力大大加强，具体的知识就可以靠阅读去了解更多。

尽管教学大纲在学期之初就已经明确告知该课程的教学目标，但毕竟属于课程终极目标，具体到每一环节甚至每一堂课上，教师对学生是如何评价的呢？我们问到齐老师在每次课后的心情，齐老师面露微笑：

> 很高兴啊！我要赶时间，前面跟学生的互动时间不是特别的多。但是，跟他们就某一个板块的内容进行交流还是有的。我感觉他们现在提问题已经越来越能提到点儿上了。最高兴的事情就是，学生通过这个课的讲授，学会了更多的能力。

显然齐老师是带着喜悦的心情不断推进课程的。在这门课上，学生的教学实践活动共有五次，每次由两名学生讲两个学时，之后用一个学时进行同侪互评和教师点评。排在后面试讲的同学会自觉地从前面同学的表现中学习经验、汲取教训，教学质量朝着越来越好的方向发展。学生们究竟有哪些进步，具体表现在哪些方面？教师的评价和学生自身的感受是否一致呢？课程结束后，我们对齐老师进行了访谈。她肯定了学生们的进步。

首先是有一定的职业感，一定的职业眼光。现在再观课，和一个完全不是搞这行的人是不一样的。由于评价别人时有一些指标，将来上课的时候，也一定会用在自己身上。这些指标，一个是外化用来评别人，一个是内化用来给自己定标准。

除了大纲中所明确的课程教学目标外，齐老师还有一个目标，希望学生要具备学习力。

齐老师在第一次访谈中就提到"学习力"，后来也多次提到这个词。"学习力"最早来源于"学习型社会"的提出，郑宝玉(2012)《学习力就是竞争力》一书中"学习力是企业、组织、个人最核心的竞争力"的提法被很多人接受。过去我们学一套知识可以使用很长时间，但现在知识更新非常快，要保证自己不落后于时代，就要有一个学习的能力。齐老师认为一般所用"学习能力"一词常常用于学习成绩，重在对知识的获取，但学习力要宽泛得多，指人善于学习，用已有的知识结构去接受新的知识。学习力让人终生受用，具有学习力的人也会保持活力。

在我们访谈的学生中，有两三个学生都觉得齐老师"很有活力"，有个同学说"老师的年纪可能跟我妈妈差不多，怎么还那么有活力，那么愿意学新东西"。

齐老师认为具有学习力的人不会让人感觉无趣，也不会感觉自己在走下坡路。她甚至还把学习力作为生活需要，"有那么多东西需要学习，在学习的过程中知识增加了，哪怕谈资都要比别人多一些。跟别人在一起的时候，你不能总是默默倾听，你能给别人带来一些东西吗？靠什么带来东西？靠的就是学习力”。

学习力的培养有多种途径，齐老师特别主张积极实践，大胆行动。齐老师拿外语和母语进行比较，“我会告诉自己的学生，外语不行？一遍不行学两遍！通过外语去了解的世界和通过汉语母语了解的世界是不一样的。外面的世界那么大，真的是有很多东西（要看要学）。我们不光是看，还可以创造。要被别人、被社会需要，我们就得行动”。

3.2 教师教育者对课程及教学的反思

在课程结束后，教师教育者要对教学进行反思，从课程内容到授课形式，制定改进措施，再继续运用于实践。课程反思可以通过教师自身评估，也可参考学生评估进行。

关于实践环节的反思，齐老师提出实践的环节应该更长，因为课时有限，所以当学生随后进入课堂真正教学时，不仅应该有其导师去听课指导，还应该由导师指导一起备课，而现在只是做到了导师听课，而未能一起备课。

> 我觉得学生备的课老师应该看看，这样如果老师有自己的优势的话，这个学生也很快就能学到，而不是让他自己再琢磨。……有的老师一个学期快结束了才去听课……有的时候没那么强的责任心，或者脑中没有这么个所谓的实践的理念的话，他会无所谓。学生在教学的过程中有自己满意的时候也有不满意的时候，这个时候应该再去听别人的课，或者再去访谈，但不一定非跟他自己的导师。

从对学生的访谈中获知，他们自己备课时有两件事特别痛苦：一是找例子，二是找情景。绞尽脑汁想出来，有的感觉挺好，但是用了以后发现并不理想；有的连自己也不满意，用起来效果当然也不会好。他们的确很想去请教齐老师，但不好意思去问，因此有的学生建议将来增加一个集体备课的环节。

齐老师听到这个反馈后，认为学生们所谈有道理，这个环节很有必要，不过她又担心时间不足：因为集体备课需要时间，而课程只有15周，理论的环节只有10周，那些内容无法砍掉，该讲的不能不讲，因为那些属于养分，后边的5次实践课给学生展示上课，同时展示反思，这也不能减。

访谈中学生们也提出是否可以一周不讲课，而是老师展示备课的方法，如例句怎么找，到哪里去找，他们特别想看看老师是怎么处理的。

齐老师决定对照我们之前所建的课例模型，在今后的课程里实施教师指导学生备课的步骤。

关于例句的设计，齐老师给出了一个比较实用的标准，她认为设计例句不像研究词语在语料库里出现的频率那样有量化标准，而且无论谁做，结果都不会有较大差别。

> 例句好坏，每个人的理解不一样，但是好的例句总是能够围绕学生的生活。有一条可以（当作标准），就是好的例句是学生愿意背的。这么一想，例句有很多就可以拿掉了，你觉得学生不会去背，你就不要用。所以，还得要能用于学生的生活。（职前教师的）例句里，常常会把更高级的词放进来，或者把学生很陌生的背景放进来，这都不合适。

基于学生们的需求以及教学中的迫切程度，齐老师认为可以考虑以后加一讲，就是什么样的例句和语境是比较理想的，“如果以后我还上这门课的话，我想我应该加上这个环节”。

教师教育者应能够正视学生的困惑，倾听学生的意见，进行及时反思，对课程进行调整，解决出现的问题，并尽力预防新的问题发生。

3.3　教师教育者的课程评估

每个学期结束后，学校都对所有课程进行程序化的教学评估。评估依据为教学内容、教学资料、教学方式、教学态度、教学效果等几个方面，每一项之下又分别有三个具体小项。最后有对课程及任课教师的总体评价。教学内容权重最高，每一小项均为 10 分；教学资料权重最低，三个小项分别为 3 分、3 分、4 分；其他各项均为 5 分。分值共计 100 分。

评估表上最后有“开放性问题”，不计分值，包含三个问题：

1. 您对该课程最满意的地方是什么？
2. 您认为还有哪些问题急需在今后的教学中改进和提高？
3. 总体上谈谈您对研究生课程设置的看法。

开放性问题不设分值，不强制学生填写。学生们所写意见自动汇总，不做筛选，教师可以看到全部原始文字。从学生留言看，既有对课程的肯定，也有对课程的希望，教师可从中了解学生们的意愿，便于将来对课程进行调整。

由于出国任教及其他课程需要，齐老师 2011 至 2013 年未教该课。2014 年春季学期，齐老师重新承担该课程时，在教学实践环节采用招募留学生作为学生志愿者的方法。该学期学生 11 人，教学评估成绩为 99.5 分(全校平均 96.49 分)，评估报告情况如下。

表 2　课程评估报告(2014 年春季学期)

评估依据		项得分	系平均	校平均	A	B	C	D
教学内容	本课程为本学科/专业基础性课程(或重要的辅助性课程)或者具有较好的应用前景，对今后工作具有坚实的理论意义或实用价值	10	9.75	9.65	11	0	0	0
	课程内容新颖，涵盖信息量大，有启发性、延展性，有助于增加对本学科的了解且重点突出	10	9.72	9.6	11	0	0	0
	教学内容更新及时，能够反映学科发展趋势，或与社会需求联系紧密	10	9.72	9.59	10	1	0	0

续表

评估依据		项得分	系平均	校平均	A	B	C	D
教学资料	有公开的课程简介，方便学生了解课程内容、难度和学习/考核要求，便于学生选课	3	2.93	2.87	11	0	0	0
	有教学日历和授课提纲，有利于学生统筹安排学习与研究	3	2.92	2.88	11	0	0	0
	有完备的教材(讲义)，或提供相关参考资料，有利于学生进一步深入学习与研究	3.91	3.89	3.83	10	1	0	0
教学方式	能够根据课程内容和特点合理选择教学方式或手段，注重教学效果	5	4.84	4.82	11	0	0	0
	教师能够驾驭教学内容，讲课有条理，表述清楚、准确	5	4.86	4.83	11	0	0	0
	讲课生动活泼，方式灵活，能引起学生的学习兴趣并能激发学生积极参与教学讨论	5	4.81	4.8	11	0	0	0
	作业布置合理，要求严格，批阅认真；考核方式科学、公正、公平	5	4.87	4.83	11	0	0	0
教学态度	教学态度端正，责任心强，遵守教学和学时安排，不随意变动	5	4.94	4.86	11	0	0	0
	备课充分，授课认真负责	5	4.94	4.87	11	0	0	0
	注重和学生的交流与沟通，不断提高教学质量或教学效果	5	5.91	4.85	11	0	0	0
教学效果	通过该课程的学习增长了知识，提高了分析和解决问题的能力	5	4.87	4.84	11	0	0	0
	通过该课程的学习，学生对本学科的研究方法得到了系统的锻炼	4.91	4.83	4.83	10	1	0	0
	通过该课程的学习了解了本学科的前沿动态，并获得了进一步学习、研究的信息	4.91	4.85	4.84	10	1	0	0

续表

评估依据	项得分	系平均	校平均	A	B	C	D
对本课程的总体评价	5	5	5	11	0	0	0
对任课教师的总体评价	5	5	5	11	0	0	0

注：1. 项得分：该项评估指标得分；
2. 系平均：所在院系所有参评课程平均得分；
3. 校平均：全校所有参评课程平均得分。

表 3　开放性问题(2014 年春季学期)

序号	问题	学生反馈
1	您对该课程最满意的地方是什么	老师对学生可谓春风化雨，母亲一般的关怀
		课堂讨论很热烈，而且也提供了真正实践的机会
		老师招募留学生作为我们试讲的学生，效果很好，老师辛苦了
		是一门很实用的课，还提供了实际上课机会，很感谢任课教师
		老师为我们组织了留学生志愿者，每堂课结束后集中点评，使得课堂的实践环节更有价值，收获良多
2	您认为还有哪些问题急需在今后的教学中改进和提高	课堂效率可再提高些
		观课时坐在后面，看不到学生反应，评价有时比较片面，建议让留学生提点意见
		理论部分还需要精炼一些
3	总体上谈谈您对研究生课程设置的看法	该门课很有必要

2015 年春季课程开始不久，我们于 4 月 13 日对齐老师进行了第一次访谈。齐老师并不知道会被问到什么问题。我们专门提到了上一年度的评估情况：“您看到了那些评估之后，内心感受是什么？”

齐老师在电脑上翻出了去年的评估结果，在被问到“是不是您没想到这么高啊？99.5 分”时，她说当时看到这个评估分数时她简直不敢相信，确实让人感到振奋。

我觉得，我的实验还是很成功的！学生反馈特别重要。嗯，今年我再上课，还是要有一些新的东西。确实是能够教学相长。如果没有个人研究，这个课上不了这么自信，也不可能这么受欢迎。学生都愿意听一些他们在别的课上没听到的，在别的课本上、书本上没看到的东西，而且我觉得他们特别喜欢能看到和自己能产生共鸣的东西。

在 2015 年春季的课上，齐老师为了加强训练学生的研究能力，采用一般研讨会的口头报告形式，将最后一次课安排为口头报告，要求每个学生都要做 10 分钟左右、与教学相关的研究性口头报告，齐老师会对选题和论据进行点评。课程结束后，学生们再将这份报告扩充为课程报告。该学期学生 9 人，参评有效分数 8 人，学期结束后评估成绩为 99.39 分(全校平均 96.72 分)，评估报告内容如下。

表 4　课程评估报告(2015 年春季学期)

评估依据		项得分	系平均	校平均	A	B	C	D
教学内容	本课程为本学科/专业基础性课程(或重要的辅助性课程)或者具有较好的应用前景，对今后工作具有坚实的理论意义或实用价值	10	9.65	9.67	8	0	0	0
	课程内容新颖，涵盖信息量大，有启发性、延展性，有助于增加对本学科的了解且重点突出	10	9.65	9.63	8	0	0	0
	教学内容更新及时，能够反映学科发展趋势，或与社会需求联系紧密	10	9.65	9.62	8	0	0	0
教学资料	有公开的课程简介，方便学生了解课程内容、难度和学习/考核要求，便于学生选课	3	2.88	2.88	8	0	0	0

续表

评估依据		项得分	系平均	校平均	A	B	C	D
教学资料	有教学日历和授课提纲，有利于学生统筹安排学习与研究	3	2.9	2.89	8	0	0	0
	有完备的教材(讲义)，或提供相关参考资料，有利于学生进一步深入学习与研究	3.75	3.83	3.84	6	2	0	0
教学方式	能够根据课程内容和特点合理选择教学方式或手段，注重教学效果	5	4.78	4.83	8	0	0	0
	教师能够驾驭教学内容，讲课有条理，表述清楚、准确	5	4.8	4.84	8	0	0	0
	讲课生动活泼，方式灵活，能引起学生的学习兴趣并能激发学生积极参与教学讨论	5	4.75	4.81	8	0	0	0
	作业布置合理，要求严格，批阅认真；考核方式科学、公正、公平	5	4.8	4.85	8	0	0	0
教学态度	教学态度端正，责任心强，遵守教学和学时安排，不随意变动	5	4.87	4.87	8	0	0	0
	备课充分，授课认真负责	5	4.88	4.87	8	0	0	0
	注重和学生的交流与沟通，不断提高教学质量或教学效果	5	4.84	4.86	8	0	0	0
教学效果	通过该课程的学习增长了知识，提高了分析和解决问题的能力	4.88	4.8	4.85	7	1	0	0
	通过该课程的学习，学生对本学科的研究方法得到了系统的锻炼	4.88	4.76	4.84	7	1	0	0
	通过该课程的学习了解了本学科的前沿动态，并获得了进一步学习、研究的信息	4.88	4.78	4.85	7	1	0	0
对本课程的总体评价		5	5	5	8	0	0	0
对任课教师的总体评价		5	5	5	8	0	0	0

注:1. 项得分:该项评估指标得分;
2. 系平均:所在院系所有参评课程平均得分;
3. 校平均:全校所有参评课程平均得分。

表 5 开放性问题(2015 年春季学期)

序号	问题	学生反馈
1	您对该课程最满意的地方是什么	教学形式丰富,实用
		课程设置合理,能学到的东西有很多,老师太具人格魅力,很喜欢这门课
		理论和实践相结合,课堂实际教学环节锻炼了技能
2	您认为还有哪些问题急需在今后的教学中改进和提高	对两个同学的教学的点评环节时间分配有待更加均衡
3	总体上谈谈您对研究生课程设置的看法	增加读书报告性质的作业,研一阶段希望多读书,而不是还没读书就写论文,总觉得这时候写的论文还很没有底气
		设置全面、合理

学生的评估反馈中提到了口头报告论文的难度,同时参考了职前教师的访谈内容后,齐老师在 2017 年教学中做了一些微调,减少了课堂的口头研究报告,而改为学期结束后提交课程报告的方式。2017 年的教学评估中,仅在教学效果小项上有 1 个 B,其余全部为满分。评估成绩为 99.89 分(全校平均 97.43 分),评估内容如下。

表 6 课程评估报告(2017 年春季学期)

评估依据		项得分	系平均	校平均	A	B	C	D
教学内容	本课程为本学科/专业基础性课程(或重要的辅助性课程)或者具有较好的应用前景,对今后工作具有坚实的理论意义或实用价值	10	9.82	9.74	9	0	0	0

续表

评估依据		项得分	系平均	校平均	A	B	C	D
教学内容	课程内容新颖，涵盖信息量大，有启发性、延展性，有助于增加对本学科的了解且重点突出	10	9.73	9.7	9	0	0	0
	教学内容更新及时，能够反映学科发展趋势，或与社会需求联系紧密	10	9.73	9.7	9	0	0	0
教学资料	有公开的课程简介，方便学生了解课程内容、难度和学习/考核要求，便于学生选课	3	2.94	2.91	9	0	0	0
	有教学日历和授课提纲，有利于学生统筹安排学习与研究	3	2.95	2.91	9	0	0	0
	有完备的教材（讲义），或提供相关参考资料，有利于学生进一步深入学习与研究	4	3.93	3.88	9	0	0	0
教学方式	能够根据课程内容和特点合理选择教学方式或手段，注重教学效果	5	4.88	2.91	9	0	0	0
	教师能够驾驭教学内容，讲课有条理，表述清楚、准确	5	4.89	4.88	9	0	0	0
	讲课生动活泼，方式灵活，能引起学生的学习兴趣并能激发学生积极参与教学讨论	5	4.88	4.86	9	0	0	0
	作业布置合理，要求严格，批阅认真；考核方式科学、公正、公平	5	4.89	4.88	9	0	0	0
教学态度	教学态度端正，责任心强，遵守教学和学时安排，不随意变动	5	4.94	4.9	9	0	0	0
	备课充分，授课认真负责	5	4.94	4.9	9	0	0	0
	注重和学生的交流与沟通，不断提高教学质量或教学效果	5	4.91	4.89	9	0	0	0

续表

评估依据		项得分	系平均	校平均	A	B	C	D
教学效果	通过该课程的学习增长了知识，提高了分析和解决问题的能力	5	4.9	4.88	9	0	0	0
	通过该课程的学习，学生对本学科的研究方法得到了系统的锻炼	4.89	4.87	4.87	8	1	0	0
	通过该课程的学习了解了本学科的前沿动态，并获得了进一步学习、研究的信息	5	4.93	4.88	9	0	0	0
对本课程的总体评价		5	5	5	9	0	0	0
对任课教师的总体评价		5	5	5	9	0	0	0

注：1. 项得分：该项评估指标得分；
　　2. 系平均：所在院系所有参评课程平均得分；
　　3. 校平均：全校所有参评课程平均得分。

表 7　开放性问题（2017 年春季学期）

序号	问题	学生反馈
1	您对该课程最满意的地方是什么	老师很好，课堂氛围轻松活泼，传授给我们很多经验
		老师永远元气满满，三个小时的课内容也很充足
		在观课、实践和讨论中做了汉语教学的破冰，学到了诸多的课堂教学的方法
		老师的课堂很有感染力
		老师教学生动、形象
		老师非常有热情，讲课生动，实践性强
2	您认为还有哪些问题急需在今后的教学中改进和提高	更注重研究方法的讲授
		现在的实践部分收获很大，理论部分有些欠缺
		学生试讲之前应该再系统地讲解一下讲课的注意点和整体流程
		可以增加系统性，理论更好地结合实际

续表

序号	问题	学生反馈
3	总体上谈谈您对研究生课程设置的看法	很有必要
		理论与实践相结合,收获较大
		满意

根据学生的反馈,2018 年齐老师进一步增加了集体备课的教师指导环节,要求学生在学期末最后一次课上撰写课程反思报告。但由于课堂时间不够,为学生们组织的集体备课辅导是利用课余时间进行的,齐老师为每一个小组分别增加了两个小时的辅导时间。首先听取小组集体备课情况,然后对其总体设计、教学重点、教学方式、时间分配等方面进行分析、调整,学生到课堂进行实践时就心中有数,从容得多。该年度评估成绩为 99.26 分(全校平均 97.13 分),评估内容如下。

表 8 课程评估报告(2018 年春季学期)

评估依据		项得分	系平均	校平均	A	B	C	D
教学内容	本课程为本学科/专业基础性课程(或重要的辅助性课程)或者具有较好的应用前景,对今后工作具有坚实的理论意义或实用价值	10	9.72	9.71	16	0	0	0
	课程内容新颖,涵盖信息量大,有启发性、延展性,有助于增加对本学科的了解且重点突出	9.84	9.63	9.67	15	1	0	0
	教学内容更新及时,能够反映学科发展趋势,或与社会需求联系紧密	9.84	9.63	9.67	15	1	0	0
教学资料	有公开的课程简介,方便学生了解课程内容、难度和学习/考核要求,便于学生选课	3	2.93	2.9	16	0	0	0
	有教学日历和授课提纲,有利于学生统筹安排学习与研究	3	2.92	2.9	16	0	0	0

续表

评估依据		项得分	系平均	校平均	A	B	C	D
教学资料	有完备的教材(讲义),或提供相关参考资料,有利于学生进一步深入学习与研究	3.94	3.87	3.86	15	1	0	0
教学方式	能够根据课程内容和特点合理选择教学方式或手段,注重教学效果	4.94	4.86	4.86	15	1	0	0
	教师能够驾驭教学内容,讲课有条理,表述清楚、准确	5	4.85	4.86	16	0	0	0
	讲课生动活泼,方式灵活,能引起学生的学习兴趣并能激发学生积极参与教学讨论	5	4.82	4.84	16	0	0	0
	作业布置合理,要求严格,批阅认真;考核方式科学、公正、公平	5	4.86	4.86	16	0	0	0
教学态度	教学态度端正,责任心强,遵守教学和学时安排,不随意变动	5	4.94	4.89	16	0	0	0
	备课充分,授课认真负责	5	4.89	4.88	16	0	0	0
	注重和学生的交流与沟通,不断提高教学质量或教学效果	4.94	4.87	4.88	15	1	0	0
教学效果	通过该课程的学习增长了知识,提高了分析和解决问题的能力	4.94	4.85	4.87	15	1	0	0
	通过该课程的学习,学生对本学科的研究方法得到了系统的锻炼	4.88	4.85	4.86	14	2	0	0
	通过该课程的学习了解了本学科的前沿动态,并获得了进一步学习、研究的信息	4.94	4.84	4.87	15	1	0	0
对本课程的总体评价		5	5	5	16	0	0	0
对任课教师的总体评价		5	5	5	16	0	0	0

注:1.项得分:该项评估指标得分;

2.系平均:所在院系所有参评课程平均得分;

3.校平均:全校所有参评课程平均得分。

表 9 开放性问题(2018 年春季学期)

序号	问题	学生反馈
1	您对该课程最满意的地方是什么	老师真正给我们教学实践的机会
		谢谢老师
		老师认真负责
		老师教学经验特别丰富,理论扎实,学到很多东西。感谢老师
		试讲和个别辅导,老师特别好
		教学实践安排得当,大有所获
		有教学实践的机会
		实践部分,老师给予每一个组充分的指导,对于我们上课有非常大的帮助
		“实战上课”让我们成长很多,从备课到上课到互评,第一次完整地体会了上汉语课的感受
2	您认为还有哪些问题急需在今后的教学中改进和提高	没有急需的
		教学观课时间安排可以再稍作调整
		希望增加实践的机会
3	总体上谈谈您对研究生课程设置的看法	挺好的
		非常好
		教师安排很用心,特别是教学实践的部分,教师与学生共同备课,实践后给予学生点评,让学生有所收获
		可以增加关于研究方法介绍与操作的课程,如我们做课题需要用的各种软件操作介绍,如何设计一个好研究,等等
		特别有必要,除了理论知识的教学方法和原则等,实战上课的经验有利于学生在实践中发现问题

显然,教师与学生共同备课的方式受到学生的充分肯定,针对每个小组进行备课指导的效果十分显著。

第四章　教师教育者对职前教师的指导作用

学界目前对于教师教育者的相关研究，主要从总体、宏观角度考察教师教育者在应然状态下具备的专业知识与能力等，多为关注“教师教育者应该如何”的应然思辨性研究（邓惠明 2011；张飞、刘秀芳 2014），或对已有研究进行介绍与整理（杨秀玉、孙启林 2007；康晓伟 2012；黄敏 2012；颜奕、罗少茜 2015），聚焦于教师教育者在具体情境中实践工作的研究，即他们如何使用教学原则、如何示范等的实然性研究，相对较少。颜奕（2014）以拓展学习理论为切入视角，采用质性个案研究方法，对由高校外语教师教育者、区教研员及中小学英语教师共同参与并合作的教师学习活动进行了为期一年的跟踪研究，描述并阐释了高校外语教师教育者教育专长的拓展过程及表现。而对于国际汉语教师教育者的研究，相对而言更加匮乏。汲传波、刘芳芳（2009）认为国际汉语教师教育者学术型偏多、应用型偏少，缺乏海外中小学汉语教学经验，并建议教师教育者转变观念，更新知识结构。一些学者（吴中伟 2012；易娜伊 2014）对国际汉语教师教育者开展工作的主要具体情境——教师教育课程的教学过程开展了初步的实证研究，主要聚焦于探讨课程的有效性问题，对于课程教学实施主体——国际汉语教师教育者如何教学、如何彰显示范作用尚缺乏关注。因此，本章通过全面、深度考察教师教育者的教学过程，分析其通过课程教学彰显的指导与示范作用。

第一节 构建课堂教学必备要素的示范

1.1 真实的课堂教学实践

观摩教学示范录像与自我模拟课堂教学，是职前教师在目前的教师教育课程中进行教学实践的主要方式。职前教师普遍认为这两种方式不真实，没有临场感，收获有限。

S6 对观摩教学示范录像和进行真实教学的效果做了比较：

> 点评别人，我们可能在她身上发现很多问题，但是这种点评很难和自己的实践结合起来，可能实践的时候我会有同样的问题、犯同样的错误。但是这种（教学体验和教学反思）环节，自己讲完了，大家点评，自己也点评（别人），会让我对我自己的问题有一个意识。

对于自我模拟课堂教学，S7 的看法颇有代表性：

> 下面都是我的同学，模拟的时候很简单，有点儿像说课的那种感觉，走流程的，我第一步讲什么，第二步讲什么。它不够具体，很多问题体现不出来。很多教学当中的问题是你自己真正实践的时候，看学生的反应，看你自己的表达、设计的方式，所以这个（注：指真实授课环节）更能体现出一些真正的问题来。示范课和模拟课不太真实，所以收获就不是很大。

由此可见，紧密结合、前后呼应的课程环节设计，有助于及时发现问题，明确与深化反思内容。S1 也谈到：

> 你自己在讲课当中，不会发现有那些问题……自己在上课的时候，真的没有意识到……但是大家作为旁观者就提出来了。

这些感受表明，只有通过真正的课堂教学实践，职前教师才能够积累教学经验，了解课堂教学如何合理进行。

齐老师充分认识到模拟教学的弊端，以及课堂教学实践对于职前教师学习的重要性。她在访谈中谈到：

很早以前（这门课程）就有一个实践板块。但是很多年来，都集中在学生分组——模拟上课。两三个学生讲一课，然后到前面去，一个人讲个语法板块，一个人讲个练习板块，（或者）再讲个什么板块。这种模拟方式，学生没有临场感……底下这些学生假装是留学生，而他们的模仿往往是不到位的。不真实……实际上不那么理想。所以我觉得设计这个课程，要更多地利用资源。他们不能够直接给留学生上课，因为是职前教师。我就设计招募留学生志愿者。通过体验性的活动，他们对学习的理论能有更深入的理解。

在教学体验环节，齐老师专门招募正在学习汉语的外国留学生作为志愿者，为职前教师授课创造真实的语言课堂环境。学习课程的职前教师（研究生）不能直接进入真实语言课堂进行教学实践，不仅教学机制不允许，也会打乱职前教师的学习计划。用招募留学生志愿者进行教学实践的做法，最为接近真实语言课堂。留学生的出现，提供了真实的汉语课堂教学实践机会，使职前教师的教学具有真实性与临场感，也为教师教育者现场教学示范提供了有利条件。齐老师对课程的精心设计与准备，使职前教师的真实教学与教师教育者的教学示范难得地处于同一场域。

S3 认为：

老师自己上去讲（救场）那个环节是我们（注意力）高度集中的环节，因为我觉得老师的示范很难得，从来没有给我们示范过。包括之前学期也没见过老师这样完整的示范。所以我们就在想，她到底要怎么补救，是不是会出一个好的策略，到底比我们好在哪儿？抱着这样的心态去看，所以真的吸引了我们的注意力。

职前教师一致认为，在自己的教学与教师教育者的现场课堂教学示范对比中学习，印象深刻，效果明显。S5 这样评价齐老师的现场课堂教学示范：

> 给了我们一个机会，让我们看到老师的风采。其实在对比中学习，也许会印象最深刻。印象很深，而且很明显一眼就能看出。之前大家都是职前教师，好像都差不多，大家都这么讲生词语法什么的，结果老师一来就不一样了，而且她一讲我们就都能明白她想表达什么。她之前说一定要少讲多练，我们就想，少讲那就少讲，但是练还是要弄很多，就很多填空、读啊什么的练习，结果老师说的不是那个意思，她的“多练”是指交际，站起来对话，模拟实际生活场景，这才是她想要我们多练的。所以她给我们的那个示范，对我们理解她的课堂想法和她对我们的指导都很有意义。

1.2 语言技能与交际教学示范

如前文所述，语言技能与交际教学示范关涉到语言要素准确度的问题。词语的讲解和练习是职前教师教学中的难点与重点。齐老师通过分析自己或者职前教师教学中遇到的具体案例，介绍如何讲解词语。她认为：

> 生词讲解的作用是为了理解，理解的最终目标是为了正确地运用和交际，因此要减少过度解释。生词理解就好，关键是给出惯用搭配，使学生产生语感，这是大原则。

齐老师对词语教学的看法同听说教学法比较一致，强调在讲解新词语阶段，一定不要出新的生词和语言点，否则会导致老师说得太多，并且增加学生理解困难；给学生的例句尽量保证没有生词；词语辨析时加入学过的词语，但是否辨析词语必须根据教材的指导，“加大难度会增加学生理解和掌握难度”；应适当补充与时代结合的新词语，比如说“微信”；“给例子时，不要太多，最有效的一到两个例子说清楚就行"；特别抽象的词语，比如"位置""精品"等，可以用做游戏的方式讲解，让学生在"体验中"学，同时不要对抽象词语过度扩展。

以"微信"为例，应如何处理教材中没有出现、但十分有必要教给留学生的词语？齐老师在教学体验环节，通过鼓励留学生使用语音微信，朗读所学新词语与例句的方式，生动展示了什么是"体验中"学习。对于使用这一教学方式的目的，齐老师谈到：

> 有一些事情可以自然相连，不要给学生（指留学生）突然砍断，气氛突然就凝重了，这是一个目的。另外一个目的，是想给学生展示教材里边没有的东西，但又是学生急需的，或者说这个时代变化，已经有新的常态了，得把这个东西补充出来。……学生（指职前教师）们举例的能力是需要提高的，还有给留学生创造语境这个能力，都需要提高。

职前教师对于齐老师上述教学方式的感受又是如何呢？S9谈到：

> 老师的那个（"微信"教学）示范给我的启示最大。也许我最开始可以不问他们上网都干些什么，我可以问他们平时都用微信做什么，就是更加联系生活实际。而且老师举了"公众号""点赞"，这些词说实话如果是我的话，我真的不敢给学生讲。……但学生可能现阶段在中国生活就经常接触到这些，可能真的很有用。所以我觉得我今天上课总体的感觉还是自己胆子有点儿小，有很多东西不敢讲，还是在参照教材的内容走。

齐老师的现场示范教学，使职前教师看到教师教育者如何进行语言技能与交际教学。以复述原则与精讲多练为例，在课堂教学实践中，应当如何具体运用这两个抽象的教学理论原则？通过齐老师的教学示范，职前教师意识到复述原则体现在基于课文的情境练习，精讲多练原则体现为交际性练习。

S2 谈到：

> （别的）老师平时跟我们说，要让学生说，要让学生练，要给学生道具让他们模仿课本的对话，但是我其实并不知道要怎么做，而且我自己的意识里会认为这种复述的练习非常无聊、枯燥，学生会不愿意做。但（齐）老师那天因为 S5 的错误给了我们一个示范以后，我才知道她可以把一个复述练习做得这么有意思，让职前教师都觉得有趣。

对于普遍性的精讲多练教学原则，齐老师认为，应当“在真实的教学情境中展示出问题……这样就可以有针对性地精讲、多练。……不讲，不解释，多练”。S3 谈到：

> 看了齐老师的示范我才明白，精讲多练是指交际性地练，比如表演对话、情景模拟，而不是填空、读课文。

1.3 课堂程序教学示范

课堂程序教学示范关涉到课堂管理、话语管理和话题管理。职前教师看到教师教育者如何掌控课堂节奏、调节课堂气氛，让留学生轻松愉悦地学习，如何合理补充教材中没有但已是生活常态的知识（如“微信”）。S4 谈到：

> （上次课）老师带着她们一起做情景模拟，我就立马用到今天的课堂了，有了上节课的示范，我就会让留学生上台来表演，而且我发现真的让他们上台来表演，他们的积极性很高。所以我觉得这是一个很好的方法，估计我以后在教学中也会用到。

如何有效并有节制地活跃课堂气氛，职前教师普遍感到很难拿捏或者操作。齐老师的教学建议令职前教师思路大开，获益匪浅。S1 谈到：

> 老师简直一语中的：“那个同学（指留学生）在太极拳协会，你

> 就应该这个时候把她拉到前面来，让她给大家打上一段，课堂氛围起来了呀，师生也有互动了呀，你要给学生开口说话的机会。”就像这样的，老师一说，我就想我怎么没想到！

1.4 课堂应变教学示范

课堂应变教学示范关涉到主动发起预设事件和被动应对非预设事件。通过观察，职前教师看到教师教育者如何进行课堂应变教学，特别是应对课堂突发事件时展现出的临场应变能力。S8 谈到：

> 第一节实践课堂，我记得当时是因为有留学生参加汉语大赛，来晚了。我们的小老师站在讲台上不知所措，下面只有三个留学生，齐老师就上去，跟她们说你们先来介绍一下自己。那天我们都挺感谢她给我们补了台，那是第一次看见老师是怎么去应付一个突发状况的，她永远都不会让学生在那里冷场。

该同学继续谈到在 S5 讲完以后没到下课时间就宣布下课时齐老师的做法：

> 我觉得老师这个时候关注点不在 S5 的错误上，而是在留学生身上，首先就体现出她作为老师的个人素养，作为汉语老师，她首先想到的是自己需要对这群学生负责任。她的救场太完美了，同时也给我们上了半堂示范课。

S1 也对教师的课堂应变示范印象深刻：

> S5 提前下课，老师上去救场。……然后老师就让学生做角色扮演，就是那个过海关要检查的部分，我们一下就觉得和 S5 的整个的教学风格就不一样了，课堂就活起来了，没想到还能这么讲。……觉得老师果然经验丰富。

关于 S5 提前下课的做法我们访谈了齐老师，她也认为在课堂教学中应灵活、恰当处理突发事件，以保证顺利完成教学：

一个完整的课，无论如何是不能中间停的。在这个时候我和进行教学实践的学生已经成为一个团队，而学习者的课堂被无端打断，这可不行！我们是一个团队，这个时候只有我去救场比较好，因为别人没有备课，让另外一个新手去应对这样一个场面，肯定是一个很大的压力。这属于突发事件，我要去补充……就是说这个课必须有一个完整性，不能停止……我毕竟是有30年教龄的人，去救个场，让学生也感觉到是一个新样子。算是一个救场、补台，同时也算是一个示范，就是跟学生相处不要总是那么正襟危坐的……我们教学应该是不知不觉中让学生学会了东西。

第二节　加强评课反思意识和能力的示范

2.1　发现教学问题

在教学中不断反思，发现教学中的问题，并在反思自己教学与观摩他人教学中探究分析问题，进而成长为反思型实践者，是教师学习与发展的主要途径。在本课程中，齐老师通过职前教师授课与授课反思环节进行反思示范，激发与引导职前教师对自己的教学、他人的教学进行反思。

反思教学的重要目的，是发现教学中的问题。职前教师通过教学体验与教学反思环节，发现自身以及他人教学中的问题，通过同学互评与教师点评，提升了反思教学、发现问题的能力。S6谈到：

(你)会发现其实你的问题跟自己想象中你自己的问题是不一样的。我们想象中是我们上课会紧张得要死，学生不理你，实际上你的问题不是这些，你想的应该是更具体的问题，而不是这种浅层次的。……我们都是新教师，但是我们的问题是不一样的，你不去上课，你就不知道自己教学应该从哪儿改进，比如说我以前就不知道我的问题是我不会去写板书。……你单纯地想我的板书怎么设计，你却不会想到你其实会忘记板书。所以我觉得主要是能发现自己的实际问题，而不是你想象中新教师的那些普遍性的问题。在不同的情景当中你总是会有具体的问题，这可能只有上课才能体会得到。

S3 谈到：

最大的困难是不知道一个生词该怎么教，比如"手续"，一直到讲课前我都不知道这个词该怎么讲，最后只好放英语，让学生自己去理解。没有想过把自己最困惑的地方跟老师谈一下，我想这个课毕竟是口语课，在课上看学生也理解了，觉得是不是这样讲就可以了。

S7 谈到：

讲"亲眼看见"的时候，我当时这么设计的……我举的那些例子，是想贴近学生生活的，（本来）想拿一个同学举例，结果他没来。我当时例句已经在 PPT 敲出来了，写的是"某某某亲眼看见老师把手机藏起来了"，但是上课之前，我突然发现大家没有把手机放在桌上，我就想赶紧改，看到同学桌上有水杯，我就改成水杯了。……对教学上的收获和感触就是，一开始想东西不要想得太死、太绝对，随时要准备变通。

S8 谈到：

太极拳讲解环节，临时知道有学生是在太极拳协会时，我当时就没有让她上去表演，因为我很纠结，让她上来的话，可能只是增加课堂的趣味性，调动一下气氛，但是跟课文本身可能没有特别大的关系，我就没有能够好好利用这一点。她在杨式太极拳协会，我可以让她自己介绍一下，这样气氛也就带动起来了，我当时就没有反应过来，而且有时间的问题，我就想控制一下，内容比较多，我当时就说非常好，就这样带过去了。反正一心想着课堂得按照自己的节奏卡着来，所以突发的状况就没有处理好。

总结而言，职前教师在课堂教学中主要存在两个问题。

一是如何讲解、练习生词与语言点，这是职前教师感到最为困惑的问题（8 人），主要表现在以下几个方面：不熟悉留学生的词汇量（S1、S6）；自己编例句，语感不地道（S3、S4、S7）；很难找到切中词意的图片（S2、S9）；生词的语境怎么给以及给得合不合适，感觉不知所措（S8）。

二是掌控课堂、随机应变能力差（9 人），主要表现为：教学环节平铺直叙，固定呆板（6 人）；突发意外事件不会处理（S5）；针对教学设计的即时调整反应滞后（S7）；备课时的教学设计过于死板，没有预留课堂上随机应变的空间（S8）；等等。

2.2 分析教学问题

在观察与反思教学中探究分析问题，是反思教学的升华。教学反思环节充分锻炼了职前教师在观察中反思与研究问题的能力。该环节由职前教师互评、教师教育者点评两部分组成，职前教师与教师教育者对刚刚完成的授课环节进行即时评论与反思。大家普遍认为合作学习弥补了自己教学反思的局限，同学们的评论对自己帮助很大（9 人）：通过别人的问题反观自己，从而激发自己的创造性（S8）；关注细节问题，提高观察教学、观察教师的能力（S3、S6）；锻炼理论联系实践的能力（S2）；等等。

对于同学评价自己、指出自己教学中存在问题时的感受，S1 谈到：

> 你自己在讲课当中，不会发现有那些问题……自己在上课的时候，真的没有意识到……但是大家作为旁观者就提出来了。比如我在提问的时候，老问一个人，频率明显多于其他学生，我自己完全没意识到啊。

这个环节就相当于是一个反馈和评价，我觉得是挺必要的……通过点评，老师和同学就指出来了，我就知道我有这个问题了，帮助我以后在备课和上课的时候有意识地注意和纠正。……这么多双眼睛同时在看，这么多双耳朵同时在听，发现的问题就更多一些，更具体一些。

S3 谈到：

被大家评，就希望听到好的。但是说好的没有建设性，说不足才有建设性。我一般喜欢“好好好”然后“但是……”，但是我们班的同学一般很中肯，比较喜欢帮助我们，所以提了很多有建设性的意见。心里肯定能接受，因为我觉得他们一定是原本想帮你，指出你的问题，而不是针对你的人，或者对你的什么特点进行攻击，不会。完完全全是以很好的口气，很客气的方法来帮你提出问题。实实在在，他们说的，我觉得都是很有帮助的。

S9 谈到：

我特别感动的是他们真的是从很客观的角度来评价的，他们指出的一些问题，我确实觉得对我帮助很大，其中有一些是我自己没有注意到的问题，比如语速有点儿快，所以别的学生，还有听课的其他老师对于我的这种反馈其实帮助是很大的，而且我觉得他们点评很到位，观察得很细致。

听着同学说你的缺点的时候心情还好。因为我比较怕的是他们都不说我不好，如果同学告诉我你今天讲得很好，我心里面反倒有点儿失落，因为我觉得自己的问题没有被指出来，之后我应该怎么样去改，这个就比较麻烦。别人上课的时候，我也会毫不留情地指出他们的错误，我觉得大家对这个事情心态摆正了，是一个很好的学习机会。

对于自己评价同学、指出同学教学中存在问题时会有什么感受，S2 谈到：

首先，我觉得我可以从一个旁观者的角度去评论，而且就像老师说的，因为我们是听过留学生的课，然后又到这个课堂上评论，可以提高我们对于课堂的观察能力。其次，我觉得我大胆地去指出问题，这不是在害他或者怎么样，还是一个心态的问题，可能有的人接受不了这种批评，但是有的人就觉得这种批评是比较好的。

S7 谈到：

我观察他们的时候，就感觉看别人会看得特别细，对细节性的东西会很挑剔，挑出来之后感觉对自己也有提醒作用，虽然说可能有时候没必要，但是因为我们是新手教师，细节方面注意得多，对自己要求更严，可能会好一些。所以观察(时)，我每次就记一大张。他们也有很多优点，相对于我当时上课有哪些进步，(我)都会记下来。你在看别人的时候，会和自己做对比。

S8 谈到：

首先你必须得强迫自己，一直都要全神贯注地观察别人，这样你才能有话要说，看到他哪些地方做得好，值得学习。比如说像之前讲的剪纸，她说怎么怎么剪，这种东西挺值得学习的，我就把它写下来了。毕竟个人想到的东西都比较有限，我就想看看别人用什么样的教学方式，再激发一下自己的创造性。

齐老师紧随其后的点评，集中体现出教师教育者反思示范的作用。对此，有 5 位同学都不约而同地用成语作出评价：一语中的，一针见血，画龙点睛。S6 认为：

老师的评价总是一针见血，我们知道他(指授课的职前教师)哪个地方做得不好，但是老师能说出他为什么是这样的，还有解决办法，我们是没有解决办法的。我们就说不对，即使我们会说应该怎么做，但我觉得我们也是做不到的。齐老师说的感觉就可以做到，齐老师有时候还会示范一下，她示范的时候我们就知道，其实应该是这样子的。她的更正比我们想象中的更正有用。

S5 认为：

老师最后一点睛，点评学生的观点，然后说出你这个课致命的地方和一些不足的地方，我觉得这个环节自己反思比较深。老师是画龙点睛，前面很多同学评论让自己反观，可能也意识到了，但老师的评论是把这些评论提升了一个高度，她还说了一些别人可能发现不了的。

与职前教师关注教学细节问题相比，教师教育者从专业理论、教学理论的高度出发，指出宏观与核心的问题。齐老师就结合刚刚发生的教学情境与具体问题，针对性地提出可切实改进的建议，如小组活动怎么分组、怎么指导留学生复述课文，以及进一步研究的理论角度。

S1 认为：

老师作为全局的观察者，不会注意过于细节的东西，比如（职前教师）拿着棍儿（指教鞭）吓人。老师评价的往往是最核心的问题，最核心的缺点。

S2 认为：

我们点评总是围绕课堂的一些个人行为，但是齐老师的点评往往是非常核心的那种，比如有的学生总是出语法的错误，自己给的例句不对。我记得有一堂课，那两个小老师一直在让同学念念念，后来老师点评的时候就说那个交际性太差。可能我们都发现不了这种大问题，我们只是围着边缘的问题转。

S3 认为：

> 老师给我们点评的那个（环节）是整个课程收获最大的。我们学生也评，老师也评，但是我觉得老师评的部分是精华，击中要害。给我有几点，比如说不能讲太多，还是要对话和演练，注意交际性。再比如她还讲图片不要每一章都用，要用到合适，没有必要就不要那么多图片。还有一些点设计得太难，那些例句，讲生词只涉及新的生词，讲例句只出现新的难句。这几点是最主要的吧。她给我的评价很深刻，对我来说也很中肯。……她的总结都在点子上。

有 8 位职前教师都认为，教师点评是课程中收获最大之处，因为全是“击中要害的精华”（S3），不但可以改进具体教学行为，推动职前教师在反思中理解与学习学科专业知识、程序知识，更为重要的是，提供了利用专业理论继续深入研究教学问题的视角。

对于职前教师授课与授课点评环节紧密结合、前后呼应的教学设计，全体职前教师都予以了充分肯定，认为这样的课程环节设置，对于自己学习如何发现、反思、分析教学问题，是前所未有的经历与收获。对于课程如此设置的原因，齐老师在访谈中谈到：

> 让这些研究生两个人一组来共同解决一课，三个小时，分配成前两个小时实践、授课，后一个小时我们就来评价这个课程。就是我们前面所讲的那些理论，等于说要运用于实践了。首先让大家来按照前边（学习）的理论依据，评这些新手老师们讲得怎么样，提出意见和建议。然后我会综合他们的意见，再给他们一些个人认为比较有效的指导。所以说这个课真正实现了“理论与实践”（结合）。

由此可见，教师教育者通过课程环节的精心设置与现场总结时的反思点评，充分发挥出反思示范对职前教师学习教学、研究教学的作用与意义。

第三节　提升综合素质的示范

3.1　职业素养示范

在课堂教学与言传身教中向职前教师传达“好的教师是什么样子”，是教师教育者职业素养示范的主要内容。教学愿景，是指职前教师心目中期望的好的教师与好的教学形象。职前教师通过课程的学习，对教师工作有一种可能性的勾画，这种勾画蕴含着教育的价值观与目标，指导着教师以后的学习与教学。（吕立杰 2010）在本课程中，齐老师通过理论储备环节的教学理论讲授、案例教学、富有临场感的语言课堂模仿，以及在职前教师教学体验环节的现场教学示范，生动具象地为职前教师进行示范，帮助职前教师建构教学愿景。

S8 在写给齐老师的邮件中谈到：

> 这门课是本学期让我印象最深、感触最多的一门课，真的很感谢您让我开始克服内心的恐惧（曾经一度因自己不善言辞而对当众发言或上讲台诸事避之不及），让我开始喜爱并憧憬对外汉语的讲台。
>
> 无论日后的职业发展是否能如我所愿，若干年后我也一定会记得此时的心愿与感动。

齐老师的职业素养示范，使 S8 对好的对外汉语老师产生憧憬与期待，这是成为一名教师良好的起点与动力。

教师的责任心是教师进行课堂教学的必备素质与基本要求，齐老师身体力行地为职前教师作出了示范。职前教师认为：

> 我很喜欢齐老师，她对待教学的热情特别打动我（S5）；
>
> 齐老师的“救场”教学让我印象太深了，我明白了什么是教师的责任心（S9）；

> 你说教师的责任心，可能也得通过你自己去实践你才能意识到什么是责任心。像我们在教学实践中出现这样的问题——“提前下课”，然后老师给一些评论和补救这种实际的演练，或者说这种剧情的发展，才会让我们实际体会到什么样才是教师心灵。比如说上学期我们上某老师的课，天天说教师心灵，教师素质，这是什么东西？不知道这是什么啊，你像我们今天这个，通过这个提前下课，搞这么一下，老师再批评，老师再指出错误，老师再给我们补救这个过程，我觉得实实在在明白了什么样是教师心灵，教师应该具有什么样的心理状态(S1)。

齐老师的这个行为，对教师责任心给予了生动而具象的诠释。教师教育者本人的形象在职前教师脑海中形成了“记忆片段”，加深了职前教师对于教育的理解，比书本理论更容易成为职前教师今后教学的“灵感”与“示范”(濮实 2014)。

多位职前教师如同上文中的S1一样，在访谈中谈到齐老师的“救场”教学带给他们的震撼与冲击，因为这使他们切身、真实地感受到好的老师应当如何处理此类教学突发事件或问题。教师教育者在课程中高度融合教学理念与课堂实践，整合与再现自己关于语言教学的信念、知识、经历，通过职业素养示范影响职前教师，形成教学愿景。

职前教师的观课感悟环节，同样对形成教学愿景有重要的促进作用。职前教师结合自己正在学习的教学理论，进入真实的对外汉语教学课堂进行课堂观察。为了让职前教师有针对性地观课，齐老师精心准备《对外汉语课堂观课要求及观课报告内容》，详细列举观课长度(完整的一课)、被观课老师水平(熟手及以上)等课堂教学各环节观察时的内容角度与注意事项，详细、具体地指导职前教师应当如何观课，并要求其在课后形成书面的观课报告，作为课程作业提交。俗话说，“好记性不如烂笔头”，同时这也体现出本课程的宗旨：教学实践与理论思考有机结合，缺一不可。

在“观课要求”的帮助下，职前教师的课堂观摩具有针对性与方向性，充分感受到什么是好的教师与好的教学，这在他们提交的观课报告中得到充分体现与展示。S2 在“观课报告”中写到：

> （老师）重视生词的读音和笔画，体现了综合课的特点，听说读写并重。在语音方面，明确提出发音要标准的要求，采用比手势的方式纠正学生的读音，强调轻声，如“盒子”；变调，如“一模一样”等特殊读音。在汉字方面，纠正学生汉字书写的错误，分解笔画，给出正确的示范，如“根”字。同时，有意识地利用偏旁进行汉字教学，利于学生举一反三，例如，指出“急”是心理的状态，所以是心字底；讲“煮”时说明四个点，一般都和火有关。

S5 写到：

> PPT 选择的图片十分合适，能帮助学生迅速理解所学的新词。比如“手工”“修”“修理”的图片都很明确，尤其是“修理”选择了一个小区修理店的广告牌，而且利用广告牌上面的内容，引出了语言点“修”和“修理”的比较。这样的衔接非常自然，整个教学过程十分流畅。

S6 写到：

> 老师十分和蔼、温柔，目光柔和，几乎时时刻刻面带微笑。进行教学时，老师往往会使用一些体态进行辅助。例如讲解“睡觉”时，老师便双手合十，斜放于左耳处，并将头部略微倾斜，双目微闭，做出睡觉的样子。但其动作一般来说幅度较小，且较为缓和，使用频率亦不太高。其使用手势的情况同样较少，往往是在说“不对”时同时伴以轻微的摆手动作。

总体而言，职前教师的观课收获主要有以下几个方面：发现好的教学方法，自己讲课时可以直接借鉴（4 人）；发现课堂管理与组织问题，引起自己的注意与重视（5 人）；激发对教学愿景的渴望（9 人）。S1 在观课后，坚定地选择该课老师作为自己未来的导师，她说：“这就是我心目中理想的好老师，我希望将来可以像她一样。”

通过阅读职前教师的“观课报告”，我们特别注意到，职前教师已经具备了一定的职业眼光，在观课过程中敏锐地发现不少教师存在的问题，并提出了自己的看法与改进建议。S3 谈到：

> 有时候，老师的表情略显严肃，有几次学生回答问题比较慢，老师好像有点儿不开心，其实并不是因为学生的表现而生气，只是老师在等待学生的回答，所以面无表情，但这时如果可以微笑的话，学生就会放松一点儿，可能可以更快地回答。

S8 谈到：

> 教师在生词部分用了比较多的板书，大多是基于课本的扩展内容，包括其他生词、拼音、笔顺（比如“凹”“凸”）、复杂字的写法（比如“攥”）等。板书内容较多，每小时的课会把大部分黑板写满，但写得比较乱，有不少插空写的现象。课本内容大多通过 PPT 呈现，有时一页 PPT 上有内容过多之嫌，但因为是小教室，没有发生学生看不清楚的情况。

S9 谈到：

> 老师的课复习所占比重较小，复习的内容也较少。虽然听写和检查作业也能起到一定的复习效果，但因为听写后马上收学生的本子，学生在这两个环节中没有查漏补缺的时间，更多的是起到检查的作用。因此，我的建议是老师可以适当增加复习的时间和内容。

在对比与发现问题中的学习，更能够加深与强化对正确内容的记忆与体会。职前教师对“好的教师”“好的教学”的认识与理解，通过现场教学的观摩与观课报告的写作，不断深入并得以强化。

3.2 科学研究示范

齐老师认为，教学工作与研究教学应当相辅相成，互相促进；职前教师作为今天的研究生与未来的语言教师，培养其科研能力，是教师教育者的重要职责与教师教育课程的重要目标。

理论知识的储备，是研究教学的基础。在本课程中，学科专业知识与程序知识是促进职前教师理解与学习的主要内容。对于几乎没有课堂教学经验的职前教师来说，系统地理解与学习尤为必要，因为这是汉语课堂教学实践与研究的基础。齐老师认为师生互动、教师话语、教师课堂管理等关于课堂教学的研究亟待发展，希望自己讲授的课程可以培养职前教师对于课堂教学研究的问题意识与科研意识。在访谈中，齐老师多次提到“学习力”一词，她谈到：

> 我认为这个学习力是终生的。过去我们学一套知识就可以用很长时间，但是知识有一个更新过程，现在变得非常短，更新非常快，那怎么能够保证自己永远在时代的前列不落后呢？那就要有一个学习的能力，这个学习力是可以从任何事情、事件，无论是正面的还是反面的，都会学到一些东西，可以用已有的知识结构去接受新的知识，这是学习力，终生都会存在，而具有学习力的人，永远有活力。

由此可见，齐老师认为，在整个学习过程中，学习和理解的不仅是知识，也包括学习研究的能力与热情。

因此，在理论讲解环节，齐老师结合自己对外汉语课堂教学实践的大量案例，以语言教学和程序知识为主，结合语言知识和语言学习知识，进行了系统化、理论化的讲解；以业内主要的和前沿的课堂教学研究问题为例，向职前教师具体介绍应当如何结合课堂教学实践进行研究，为职前教师进行科研示范；以教师课堂话语研究为例，齐老师在课堂上，为职前教师详细介绍了教师话语能力的研究缘起、研究现状以及个人研究计划，重点阐述来自课堂教学实践的具体问题，应当如何上升到具有研究价值与理论深度的学术科研问题。在访谈中，齐老师谈到：

关于教师话语，现在还是一个热门话题。大家应该很认真地进入课堂来看教师话语是什么表现……实际上应对这个课程做一个描摹。过去我们没有人去做，它是非常难以获取数据的一个行为。……刚才说一定要了解现在的研究现状，包括一些前沿内容。你了解到了，就会进一步思考。老师在课堂上讲话的数量，在传统的教室里，数量很大，可能都是超过学生的，尽管我们要求教师在课堂上尽可能把时间交给学生。但是，理想的课堂永远是比较少的。你能把老师的讲话时间控制在30%吗？可能60%就不错了，有的课堂上70%呢！还有更多的，替学生回答的。

那么，分析老师在课堂上的这些话语，到底是干什么用的？可不可以分类？是不是可以确定教师话语在质量上可以达到什么样的标准？如果你把课堂上的话语分类，哪一些话语是用来管理课堂的，哪一些话语是用来讲解教学内容的，哪一些话语是用来组织活动的，哪一些话语是用来答疑的，哪一些话语是用来提问的……这样就告诉将来要去当老师的学生，知道不应该乱讲话，该讲什么话是有规矩的。……那么我把它分成了十大话语能力。……这个话语能力，要做到什么程度才能叫优质？我也是个人研究，优质的话语是什么样子？学生在讲课之前就知道哪些是应该掌握的话语能力，哪些是应该对听课的学生讲的话。

由此可见，齐老师密切关注来自课堂教学实践的一线教学问题，并结合前人研究与自己的理论思考，指导职前教师应如何发现问题，深入研究问题。对于在教学实践中发觉与提升理论研究的重要性，齐老师有明确与清醒的认识，并对教师教育者提出为学科做些贡献的要求和目标。

教师教育者这种以自己的具体研究为例的科研示范，摆脱了枯燥的说教，深入浅出，充分考虑职前教师的接受与理解程度，同时也提升了职前教师在教学实践中对于理论研究的重视程度。

齐老师科研示范的作用与影响通过职前教师的积极反馈体现出

来。职前教师认为，通过齐老师的科研示范，可以学习新的知识(S3)；为自己提供研究课堂教学的理论角度(S1)；用理论去分析教学实践中的具体问题(S2、S7)；职前教师可以“通过老师讲的理论去分析别人的问题”(S4)，提升了自己研究教学的眼光与意识。S4 特别谈到：

> 同学们自己上课的时候，就通过老师的示范想一些自己的方式，我觉得具体的这个影响肯定很大，从宏观上来讲，我们主要是通过老师讲的这些理论去分析别人的问题。经过老师点评之后，从备课开始自己就注意去避免这些问题。所以老师的理论讲授带给你的意识，我一直都是有的。
>
> 理论环节觉得从老师身上学到的东西最多。理论那边讲了，自己还没开始备课实践的时候，再去看这个课，可能说不上来哪儿有区别，但是感觉站的整个高度不一样了。……具体说不上是哪儿提升了，就是眼光提升了，就是视野和意识。就那一段(指“理论环节”)讲完之后就感觉自己和以前区别特别大。

职前教师也都做了积极的研究尝试，职前教师撰写的期末课程论文，聚焦自己在本课程观课感悟环节与教学体验环节遇到或深入思考的教学问题，结合相关学术理论，做了具体研究。

职前教师们围绕课堂教学中的某一具体问题，开展文献综述和具体分析，结合自己的课堂观摩体验以及针对留学生的教学实践，切身参与使具体教学问题演进与蜕变为学术科研问题的完整过程。这使得教师教育者的科研示范落到实处，并收到了一定的成效。

3.3　职业眼光示范

“对外汉语教学理论与实践”课程的教学目标之一是培养学生在实际教学中发现问题并解决问题的能力，即要使学生能够具备职业眼光，对一些教学现象作出专业判断，不仅警醒自己，同时还能益于他人。同侪点评和教师点评便是培养职业眼光的重要手段。同侪点评放在教师点评之前是为了发挥学生自主性而不受教师观点影响，而学生在教师点评之后再反思彼此之间的同侪点评，两相对照比较，就会感悟到什么是专业评价视角，以及如何进行分析，从而提高学生的专业素质。

在实践课堂之后的点评环节，职前教师们持有充分的肯定态度。他们既观察别人也反思自己。

S8 认为这一环节十分必要：

> 上课的话毕竟自己，当时应该是失去思考能力了，只是按部就班地往下走，还是评课的时候会有更多的时间去反思。

S2 表示：

> 我们收获很大，知识的收获，更重要的是老师自己的示范作用，实力和示范。

S6 注意到职前教师的授课方式以及留学生汉语学习者的反应：

> 我们非常喜欢这个方式，除了自己上那节课会比较漫长一点儿，其他的时候都比较开心，而且你会有很多机会看到留学生的反应。可以看别人很有意思的部分，有的人设计的环节真的很有意思。你可以看到口语课会有很多活动，我觉得活动是最个人化的东西，能看出来每个学生设计活动有什么样的心思。别人的心思和心血你是能感受得到的。

我们在访谈中请职前教师专门就教师教育者点评这一环节进行评价，发现他们已经逐步建立起较为浓厚的职业意识。不少学生注意到齐老师是从全局角度观察，能够抓住要害问题，而学生往往从细部评价。学生们受自身知识结构的影响，对于语言要素的问题敏感度会比较高，但对于教学方面的问题，则往往比较漠然。S6 谈到：

> 我自己上课的时候，老师点评了我的两个大问题，一个是板书非常乱，这个我自己注意不到，再有一个是说我用那个词卡给

学生复习生词的时候，我站的位置会导致只有一个学生理我，其他的学生都会低着头，就是整个对大课堂的掌控力(不足)。在老师点评的时候，只有她可以给你指出来问题。

学生们在观察他人授课时已经开始使用学习过的教学理论进行评价，并可以提出一定的合理化建议。不过还有一些问题往往是只能诊断而开不出药方，而教师教育者对症下药，提出解决办法，对于学生们不仅起到了“准确诊断”的示范作用，还起到了“有效治疗”的示范作用。S9 谈到：

点评的话首先让我们去说，其实我们有时候说的就已经比较全面了，齐老师最后所提到的几点应该是错误特别突出的地方，而且觉得确实是需要重点强调的。关注宏观，比如指令语。比如说像纠音还有课堂指令，还有纠错，这几个都是在我们课堂中经常会遇到的，而且是我们新手教师经常会有的问题。除了同伴点评以外，老师对这些比较突出的问题，特意地去强调，这个可能会给我们的印象比较深刻，以后在备课或者在讲课的时候就会格外注意这些问题。

不少学生都自觉将学生评议和教师点评进行比较，从中找出不足和差距。实际上这也是一种反思，对于培养他们的职业敏感非常有益。S7 谈到：

老师评课主要是在我们同学互评的基础上给我们一个答疑的作用。自己的评论，互相评就是在指出问题，但没有找到解决的办法。我觉得老师的作用主要是根据她的经验给我们提供比较实用的建议。

S3 在这一环节上的感受很多，既有对整体课堂的评价，也有对个人教学不足的反思：

老师的评论我觉得是最权威的，因为老师毕竟是一个专家型教师，她的每句话每个点我基本上都要记下来，我觉得从她那里得到的收获是最直接的，而且我不会加以怀疑的，基本上都能够接受，所以她的点评应该是收获最大、最直接的，其他同学我可能还要存一点儿意见，一些想法我觉得还要思考思考。她的总结都在点子上。

S4也充分肯定了教师在评价角度和评价深度方面的指导作用，在对师生点评进行对比后，感悟到应该从哪些方面去观察课程，应该如何改进，其职业素养也得到相应提升：

示范作用，就是可能我们讨论的时候没讨论出来，这个应该怎么办，但是老师会很明确地告诉我们，哪个应该做，哪个不该做。然后这也是一个梳理自己之前想法的过程，而且得出了一个比较合适的结论。老师说的印象更深刻。

综上所述，我们认为，国际汉语教师教育者的指导与示范作用，体现在教师教育者应向职前教师展示如何教学、怎么做教师等可用来做规范的标本，职前教师通过模仿、体会教师教育者的指导与示范作用，学习如何成为一名合格教师。国际汉语教师教育者应从以下方面体现指导与示范作用：教学示范、品行示范、科研示范、反思示范。这些都将对汉语职前教师学习教学、研究教学产生重要的影响。教师教育者自身也应合理思考，不断改进课程设置，在课堂教学与言传身教中，更充分地彰显指导与示范作用。

第五章　职前教师的汉语国际教学信念构建

职前教师对汉语教师身份认知的变化过程，是一个应然—实然—应然的变化过程。职前教师带着对汉语教师“应当是什么样”的应然想法，走入语言课堂观课。通过观察教学经验丰富的熟手或者专家型教师的授课，修正并完善了自己最初对汉语教师身份认知的实然看法。带着这样的看法，职前教师第一次走上讲台，在教学实践中亲身体验了实然的汉语教师“是什么样的”，发现自己的差距与不足，对汉语教师身份认知有了更为真实、具体的体会，继续升华为新的应然的想法。

随着学科和专业的调整，“对外汉语教学理论与实践”课程的学生人数和构成有了一些变化。2015 年之前该课程只给语言学及应用语言学专业学术型硕士开设，该专业多年来为内地学生 9 人，留学生不占名额但每年并不多。2017 年，学院将 4 名学术型硕士名额换成 2 名博士名额后，只剩下 5 名学术型硕士。因为人数变少，2018 年春季“对外汉语教学理论与实践”课程同时也向汉语国际教育专业硕士开放，有 15 人选课，故该年度学生增至 20 名，两个专业的学生共上。2018 年，5 名学术型硕士名额又置换成 2 名博士名额，该年度学术型硕士完全停招，这样在 2019 年春季开课时班里学生全部为汉语国际教育专业硕士，共 16 人。

自 2018 年起，在总结与完善 2015 年本课程教学环节与流程的基础上，齐老师为该课程增加了课后反思环节，以教师学习理论与建构主义理论为指导，制定“‘对外汉语教学理论与实践’课反思性报告内容框架”，指导与促进学生从实践与理论两个视角，深入反思在学习该课程各环节时的收获与体会。由此，学生在反思性实践中，初步建立起关于汉语第二语言教学的教学信念。

2018 年和 2019 年，该课程都要求学生们期末提交教学反思报告，共有 11 个问题。36 位学生提交共计约 20.3 万字的反思内容。本章主要结合这些内容，探讨职前教师的汉语国际教学信念构建情况，对学生教学信念的树立过程展开详细分析。

职前教师对汉语教师身份认知有一个变化过程，大致可分为以下几个阶段：

(1)在理论基础讲解阶段，是学习知识的学生身份；

(2)在观课阶段，尝试以具备专业知识的学生身份去观察熟手教师；

(3)备课、试讲阶段，具有准新手教师的身份；

(4)评课反思阶段以及课后完成课程科研论文时，演变为新手教师与研究者的双重身份。

第一节　集体备课促进教学信念萌生

1.1　集体备课互补共享

教学反思报告其中一个问题是“集体备课环节，你对学生集体备课的感受是什么？对于教师指导备课的感受是什么？这个环节有无必要，为什么”。2018 年 20 名学生，该题获得语料 11,473 字，2019 年 16 名学生，该题获得语料 10,497 字，共计 21,970 字。

一直以来，该课程授课学生人数都在 10 人以内，实践授课时间为 5 周，每次两节课，每节 50 分钟，两个人合上非常从容。但 2018 年起人数增加，而课时无法增加，教学实践环节只能每组 4 人共同进行。齐老师便按授课环节分为生词、语法、课文、练习 4 个部分，要求学生各负责一个部分，每个小组备课时基本上都是先分工后合作，主要包括个人备课、集体备课和老师指导备课三个环节。

尽管老师强调小组集体备课，但实际上每个组的做法并不一样。由于学生们能够利用的时间不同步，因此他们都是先分头去做自己的部分，然后再合成到一起。在老师集体指导之前，各组投入的时间也不一致，有的组集中在一起进行过讨论甚至“排练”，个别小组则投入时间较少，未经深入讨论就到了下一步。

一位同学所写的小组集体备课程序大致可以代表各小组的基本情况：

> 我们这组是先每个人设计自己的部分，形成一个雏形之后集体讨论，每个人就自己的设计进行阐述，把自己觉得不确定的地方提出来大家一起解决，尤其是每个环节的练习部分和最后的交际活动部分，从语言学习者及同行两个角度分析活动是否有趣，是否具有可操作性。之后找教师指导备课，在试讲前一天大家再聚起来模拟一遍课堂，从教师语速及话语难度、教师教态、练习难度等方面进行调整。

集体备课给大家带来了很好的体验，一位同学认为小组合作使大家各自的备课内容互补而成为一体：

> 我觉得备课环节是很有必要的。每组的四个人都负责了不同的部分，难免会对自己负责的部分特别熟悉，但是集体备课让我们更深入地了解每个教学的细节，而不只是局限在自己的内容。我想这个试讲环节的最终目的也是让我们能够完成一次完整的课，不同于一般的试讲，只是摘取其中一个片段进行讲解。所以，集体备课保证了每个组员参与一整课，从准备到实践。除此之外，在这个环节里，我们也可以以一个旁观者的视角去给其他部分的同学提出建议，避免出现“当局者迷”的情况。

另一位同学则从小组合作备课中体会到彼此的分享和鼓励，更多的是精神层面上的感受：

> 回想起我们四个人集体备课的时候，我们围坐在一张桌子旁按照我们上课的顺序将自己负责部分的想法都说了一遍，每个人在讲完自己的设计之后，四个人开始讨论可行性以及“头脑风暴”学生们可能会提出的问题，我们四个新手第一次把上课的想法过完的时候已经是深夜。在合作备课的过程中，我们可以共享资源并互相学习，共同思考出不同的活动方式，并模拟上课情况，进而商讨课程设计的细节，在这个合作学习的过程中我们互相鼓励、互相帮助，是一次很好的合作体验。

其他同学不仅佐证了这样的看法，还进一步补充了集体备课的作用。一位同学表示：

> 集体备课的成果是个人备课达不到的，可以集思广益，吸收大家的意见和建议，修正或者改进之前自己的想法，毕竟我们的试讲是一个集体合作的过程，需要我们几个人配合默契，准备充分才能有完整流畅的呈现，我觉得不同模块之间内容的衔接也是非常重要的，环节之间的重叠交叉和相互独立的内容是什么，需要我们在集体备课时做好演练和准备，这些只有在集体备课中才能达成。

另一位同学从具体内容方面更为详细地列出了集体备课时才能体现出来的长处：

> 集体备课不仅仅是讨论分工或汇总演练，更重要的是大家会一起商量例句的选择是否合适，用词是否过难，语感是否出现了偏差，等等；也能够在类似“头脑风暴”的讨论中想出很好的例子和活动形式；还有一个作用就是统一前后内容，做到前后内容衔接，练习围绕所讲内容展开，每个老师使用的符号含义一致，某个语言点有很多用法时，教哪个不教哪个等都能在集体备课中统一起来。

通过聆听同组人员的备课内容，同学们不时产生火花碰撞，在为他人喝彩的同时，自己也会有所启发和触动，其中一位同学写到：

> 在其他组员讲述他们的教学流程时，触发了我不少的思考，也提出了些许想法，有好有坏，但总归是思考、学习的过程。那一个多小时里，我知道了每个教学构成部分都不是平白无故出现的，都有它内在的教学目的。比如说我印象比较深刻的第一部分(生词讲解)：用"打太极拳"作为开场一下子吸引了学生的注意，并且马上可以引入该课主题；用北京奥运会吉祥物(贝贝、晶晶、欢欢、迎迎、妮妮)引导学生说"他们的内涵是北京欢迎你"，再用其中的"歡"("欢"的繁体字)引出下一个生词"简化"；等等。这些都是让教学衔接更顺畅的小巧思，我们也通过集体备课环节，深入了解了设计者的教学意图。

该同学对每个教学环节的教学目的都有所认识，显然他对同伴在教学衔接的自然过渡方面印象深刻，能够体会他人的设计匠心，因而也会充满尊重。

也有同学认为小组备课使自己开阔了思路，使自己的教学内容更为准确和凝练：

> 在集体备课环节，首先是各自介绍一下自己的教学内容和教学安排，然后大家一起讨论。我觉得这个环节无论是在试讲中还是在真正的授课中都有一定的必要性。集体备课一方面可以开阔思路，比如我想设计一个情景来练习某个语法点，但是一时想不出合适的例句，那么在集体备课的时候同组的其他成员就可以给我提供一些非常有帮助的建议；另一方面通过集体备课我们可以解决一些小的疑惑或者说检验一下语感(这样描述不知是否准确)，发现自己没有注意到的问题，比如当时我们一起讨论可不可以说"水果专卖店""文具专卖店"，通过讨论可以选择最典型的用例教给学生；另外由于我们组有留学生，因此在集体备课的时候，我们有时会询问这位同学他在学习汉语的时候是否觉得某个语

法或词语很难理解。集体备课意味着一种共享，将不同环节的内容相互联系，环环相扣，不仅可以营造比较好的学习环境，同时通过复现促进复习。

一位同学认为集体备课中自己从他人那里学习到很多，积极的方面用来学习，不足的方面用来规避：

这是我第一次和同学一起讨论备课，（我）非常喜欢这个环节。一方面我们可以从同学的评价里看到自己的不足；另一方面，在观察同学、提出建议的过程中，我也能发现自己身上存在的问题从而加以规避。另外，四个人一起解决问题，办法总是比较多的，那种豁然开朗的感觉真的很棒。

另一位同学非常详细地结合实例，从几个方面总结了自己的收获：

对于集体备课的安排，我觉得很好，也非常有帮助。第一，通过合作，可以缩短备课时间，资源可以共享，比如组内成员制作的字卡；第二，可以发现自己平常不会注意到的东西；第三，可以学习别人的优点，比如有的组员有自己的一套教学语言，有的组员很会制作教学 PPT，就可以相互学习；第四，发现不足之处，可以一起想办法补足，比如板书差就一起想出使用贴字卡的方式来补足。所以我觉得集体备课，通过合作学习，收获颇丰。

1.2 集体备课加强团队合作

集体备课是一种合作学习。多伊奇（转引自郭德俊、李原 1994）提出的目标结构理论中，合作目标结构以相互促进方式，成员之间相互帮助，相互鼓励，在他人的接纳中感受到自尊，完成任务便更为积极，成就水平也提高得更快。由于集体备课往往是先由个人分别备课再集中讨论，个人备课相当于相互独立方式，所产生的成果必须再以相互促进方式讨论，由于最终是要共同走上讲台的，因此最终目标具有不可分离性，必须由小组共同完成。为此，小组必须积极地处理人际关系，每一个成员都要为小组成功而付出，对他人常常要予以表扬和鼓励，有了困难要主动考虑解决方案。这样的收获是相互独立方式所没有的。

对于职前教师来说，合作学习的方式在本科阶段就有过接触，不过方式和质量并不一致，其效果会影响他们对该方式的认知。一位同学谈到，对这一方式她开始是怀疑的，但经过实践，完全认可了这种方式：

> 我认为这种学习方式对学生的个人素质和学习驱动力要求非常高，本科期间有的课程也曾尝试过这种小组合作探究学习的方法，但往往是少数人完成全组的工作，多数人成果质量不堪入目或是不能按时完成，我一度非常排斥这种学习方式，因为对于想认真完成课程要求的学生来说，这种方式无异于一个人写多个人的作业。但在现在这门课程中，我真真切切地体会到了团队的精神、集体的力量，同学之间有效的讨论交流和按时高质量的任务完成都对我的学习有莫大的帮助，使我在教学实践上获得了零的突破与长足的进步。

多位同学的反思中都表达了同样的感受，即通过合作学习，自己的设计得到了纠正和补充，使得最终的备课成果有了很大改观：

> 我的小组成员在集体备课环节展现出了良好的合作共赢风貌。我们会在前两组讲课的课间积极讨论他们的优缺点，完善我们的教学设计；会根据小组成员的特点，合理进行教学分工；也会在分头完成个人备课后，集体说课，相互补充遗漏之处，再去请老师辅导指点。因为个人缺乏教学经验，同组成员的点拨提醒对我来说真是雪中送炭，他们纠正了我一些不切实际的设计，并给我提供了可操作的修改建议，为我更好地完成备课提供了帮助。

由于大家的住地不同，空闲时间也不一致，因此在线上联络讨论的时间比较多，一位同学就线上、线下讨论方式进行了对比：

在我们小组合作学习的过程中，我认为线上合作并不是最好的办法，最有效的办法是线下进行小组讨论，方便又有效。我们小组在正式讲课的前一天晚上，进行了统一排练，我认为很有效果，不仅发现了很多问题，还为第二天的有效合作打下了基础。

一位同学习惯于以传统的相互独立方式去完成任务，并对合作学习有些顾虑，但经过集体备课，她从相互促进方式的学习中受益：

我认为集体备课和教师指导备课的环节都是非常必要的。虽然一开始我对集体备课没有太多的感受，可能由于我自身比较习惯于独立思考和完成一件事情，比较少询问他人的意见，觉得人太多反而意见难以统一，所以我想四个人各负责一个环节，那就各做各的就好。但这次在准备的过程中，我们四个人一起坐下来，从生词、语法、课文到练习，一个一个环节梳理下来，每个部分每个人都参与到，都提出自己的建议，A觉得可以设计什么样的活动，B觉得可以用什么例子讲解更好，每个人都贡献一点儿，突然就觉得，自己好像也更熟悉一堂完整的课的流程了，而不是只局限在自己小小的一部分，最重要的是，有时往往需要其他人以一个学生的视角，来发现自己设计的教学的缺点，这也就是我觉得集体备课对新手教师来说很有必要的原因。另外，大家集思广益，提出的各种各样的活动，让整堂课更加丰富多样，不至于太规矩而死气沉沉，而且，前面设计过的知识点或活动，也可以让别人有意无意地提及，有所连接，对学生来说也是很好的复现方式。

一位同学特别提到集体备课让她感受到了教师之间合作的重要性，特别是在与他人的合作交流中发现自己的不足，接受别人的建议：

我的课堂教学经验几乎为零，所以集体备课环节给我提供了一个向其他同学学习的机会，她们三个在课堂教学方面给了我很多的启发。上课之前，我在她们面前进行了试讲，她们对我存在的问题提出了一些意见，比如教师话语方面，哪些话比较啰唆，哪些话是可以省略的，老师要尽量把开口的时间留给学生；在讲解生词的时候，她们建议我可以用情境法和图示法向学生解释一些含义较为抽象的词语，并且所选例句需要简洁又有代表性。通过集体备课，我也改变了自己的心态，从非常焦虑过渡到适当焦虑，让我相信自己的备课是有效的。除此之外，通过集体备课，我也想去探求教师共同体的发展和存在价值，尤其是国际汉语职前教师共同体的存在，因为我深深地感受到教师之间的合作对一个教师的成长起到了非常重要的作用，这种作用不仅体现在教师教学水平的提高，也体现在教师心态的调整上。

集体备课是一种合作性学习方式。合作学习具有教育功能，无论个体在自我学习过程中表现如何，在合作性学习中，都需要倾听他人，贡献智慧。集体备课促进了主动学习，使得个人才智在互动中得以激发，最终创造出超越个人能力的共同财富。正如一位同学所反思的那样：

学生集体备课过程中，我观察到我们小组，包括其他小组都用了很多时间来准备。这个环节的存在，让我们自己会主动去看一些相关文献、教学视频，再结合之前小组的教学展示来对自己要做什么工作进行真正的思考。通过这个环节，我真正去思考了怎么把老师上课讲的理论运用到实践，尽管很多想法都是初步的，但是我认为这个环节促使每一个同学真正去思考应如何教学。

在同学的回顾中，大家都报告了合作学习带来的收获，也有同学对自身的合作学习行为进行了反思。其本身非常赞同运用合作学习这种方式，不过由于这并非我国传统的学习方式，与其他国家相比，她认为自己所在的小组合作学习还没有达到理想程度：

学生合作学习是学生之间共同协作，共同完成既定任务的过

> 程。在这一过程中，学生不仅可以意识到合作学习的重要性，还能够各自发挥所长，在互相学习、共同进步的过程中完成任务。但是，我认为中国学生在小组合作学习方面不如外国学生做得好，外国学生的合作精神会推动他们十分积极地进行责任分工以及小组讨论，中国学生并不怎么重视合作精神，比起小组合作，很多中国学生更愿意自己独立完成任务。另外，中国学生很容易在责任分工方面产生分歧，而且在某些情况下，有些学生并没有很好地参与到小组合作中来，以至于影响最后任务的完成程度以及小组成员的参与度。

该同学与国外学生的合作学习情况进行对比，认为国内的合作学习还没有达到应有的状态，中国学生还受到传统的学习方式的影响和束缚，合作学习的形式本身不够完备，与他人交流沟通时对他人意见的接纳也还不够理想。尽管这样的反思评价只是源于个别同学，但这也促使教师教育者进行思考，当学生尚未建立良好的合作学习习惯时，还是需要对合作学习有一个先期介绍和解释，对每个组的分工合作任务进行检查和干预，让学生制订可行的时间表，对那些表现突出的同学予以充分肯定和表扬。

第二节　实战教学促进教学信念形成

2.1　时间管理和学生动机保持

由于课时所限，四位同学分为四个环节在两个课时（50 分钟/课时）之内共上一课，平均只有 25 分钟，而各个环节的时间分配可能并不均衡。在小组活动中，同学们的意见是不一致的。由于备课内容比较多，大家在准备自己的板块时总是希望做到全面和丰富，而每次课总体时间有限，每个人都认为自己所用的时间应该更多一些，这样势必会挤占其他同学的时间，他们对老师所限定的时间抱有疑虑。一位同学讲述了她的心路历程：

> 学生的集体备课是缺乏经验的，这一点主要体现在课堂时间的分配上，我们组的同学进行备课时，就词汇讲解、语法讲解、课文串讲以及练习活动的时间产生了分歧。有的同学认为练习活动不应该占用25分钟的时间；有的同学认为词汇部分的生词很多，25分钟的时间远远不够。我们觉得，在两个50分钟的时间内讲完完整的一课是很难做到的。另外，学生集体备课时对于词汇的讲解时间、导入时间等也有很多疑惑。

然而在经过教师的指导之后，他们顺利完成了任务，该同学经历了这个过程后，对教师的指导作用进行了积极评价。

也有同学将自己的具体设计与老师提出的修改建议进行了对比，发现二者之间的不同，老师的建议更有可操作性，帮助其取得了较好的教学效果：

> 教师指导备课环节是必要的，对于我们中的大部分人来说，教一个班的经验一般是没有或者比较少的，如果没有富有经验的老师的引导，可能最后上课的效果会与设想中相去甚远。比如我们之前的活动设计，想让学生扮演旅行社与顾客，旅行社根据顾客的需求提供旅行线路，老师给出的修改建议是两个旅行社竞争，互相说出自己的优势，由于有竞争，学生也会更加积极主动。老师给出的这个建议非常有效，不仅操作起来简单，后来在课堂上的运用效果也确实很不错。因此我认为，这个环节是十分必要的。

对于从未有过教学经验的同学来说，将现实中的课堂与想象中的课堂进行对比，所得到的收获是多方面的。除了对课程的具体过程和内容进行指导外，也有同学从心理和教学信念方面进行了反思。

一位同学认为老师对其心理指导意义很大，同时对幽默感有了切身的体会，希望能够将其用于教学中：

> 首先是老师对我们的指导非常具体而且详细，有很多我们没

有意识到的部分，所以感受到熟手教师对问题的意识和敏感度。除了对讲课的指导以外，老师还跟我单独说了不要太紧张，这种心理方面的指导对我的帮助最大。老师还说做老师有时候需要幽默感，关于教师的幽默感，前面的部分也说到过，我在上这门课的过程中从老师的身上经常感受到老师所说的幽默感是什么，也感受到这种幽默感的重要性，所以这也是备课环节以及本课程总体很大的收获之一。

而对于有一定教学经验的同学来说，其思考会更为深入，一位同学认为此课给她带来了观念的变化，并对保持学生的学习兴趣和动机有了较为深刻的理解：

教师指导备课环节太有必要了！与老师进行的交流给了我很多启发。老师对课堂环节的设计随手拈来，对我们苦恼的如何开展课堂互动的问题也给予了点拨。但是最重要的一点是此次的教师指导备课环节改变了我的偏见，以前我以为课堂的“有趣性”只是课堂的附加，靠几个游戏环节撑起来，课堂的风格实质上不会有太大的变化，但是教师指导备课之后，我才发现原来语言课课堂真的可以做到“生动有趣”，这是需要花费老师的心思和精力的，所以老师“一切以学生为中心”的教师态度真的很让我钦佩。记得老师对我们说过一句话：“学生都上了三周的课了，对之前的教学方式可能感到了疲倦，作为汉语教师，我们需要思考如何改变或者创新教学方式，让学生继续拥有学习的兴趣和动力。”老师对学生的这种尽力尽责的态度，是我需要秉承和坚守的。作为一名国际汉语教师，我也希望自己能拥有让学生学得快乐的能力。

2.2 建立教学自信

由于不少同学之前没有过课堂教学经历，对未知的课堂既期待盼望又忐忑不安。首次登台也意味着要战胜心理压力，而一些有过教学经历的同学在新的教学环境下也需要适应，这一过程对于他们的教学自信形成和角色认知有着较大的影响。

一位同学是通过观察和模仿其他先期授课小组的情况而调整心态的：

> 备课的时候，由于从来没有教学经验，所以完全不知道应该从哪里入手，心里非常不安。于是先从模仿前面两个小组的讲课方式开始，然后和小组同学一起讨论，调整一些内容。

而绝大多数同学是在接受了教师指导之后对自己的教学建立了信心的。一位同学将教师指导比作建造房屋搭架子：

> 在教师指导备课之后，我们对于之前的疑惑都有了满意的解答。老师为我们搭建了大致的框架，并在一些可讲之点上给予了很多指导。我认为教师指导备课的环节很有必要，如果没有图纸就让我们去尝试建造一座房子，可能会有灾难性的后果，只有在老师的备课指导后，我们才能更好地进行真正的实践教学。

一位同学开始时甚至担心老师是否会批评自己，但后来她发现老师是非常有耐心的，老师的帮助让她释放了压力，建立了自信：

> 教师指导备课，一开始让我倍感压力，因为担心做得不好会遭受老师的批评，但老师实际上却是非常有耐心地指导我们，在我们有很多天马行空的想法时，明确点出问题所在，并协助我们解决，让我们的教学方案更加符合实际的课堂情况，同时也为我们建立信心，因此我认为通过专家型教师的指导，可以提醒新手教师认识到实际情况，修正自己的天马行空，并且发现漏洞或不足，让备课能够更加完整且实在。

更多的同学不是担心教师的态度，而是对自己的备课情况心存疑惑。老师纠偏扶正，进行了具体而有效的指导后，学生经过调整，能够自信登台了。一位同学仔细描写了心态的变化过程：

我们小组在见老师之前也讨论过一些问题，但是也有一些问题仍然存疑，例如我们想先进行小组活动然后讲解课文。经过老师的指导，我们意识到课文是练习表达的基础，这样做会让学生不能直接应用课文学过的句式，降低课文的指导作用，所以之后我们进行了调整。我在教学时主要负责讲解生词，因为课上时间有限，所以我选择了一些我觉得比较重要的生词，在与老师讨论时，老师提议应该增加一些更重要的生词，而且指导我要讲解一些延伸性的词汇。我觉得老师的指导非常重要，既帮助我们整体把握这一课的整体模块，又纠正了我们的一些细节问题。我们教学经验不足，所以有的问题自己意识不到，得到老师的纠正以后，上台之前也能更有信心。

本科阶段即学习汉语国际教育专业的同学尚且有如履薄冰之感，本科非本专业的同学就更加惶惶不安。一位同学由于本科专业不是汉语国际教育，对即将到来的教学的担心程度大大超过其他同学：

在走上讲台前，我最大的感受是对未知的担心。本来由于本科专业原因，我对对外汉语课堂就不熟悉，而且我们是第一组进行试讲，对志愿学生的水平、背景、兴趣点完全不了解。备课内容是否贴合实际，能否引起学生学习兴趣，能否恰如其分地运用课堂时间，能否吸引学生留下来继续学习，等等，我都非常担心。而最担心的莫过于备课内容是否能吸引学生、是否能比较好地掌控课堂流程这两个问题。因为我负责的是课文梳理部分，准备的内容是课文朗读与复述，内容集中单一，如何把这部分内容处理得不那么枯燥，是我一直在考虑的问题。同时由于缺少实战经验，我怕自己无法很好地处理教学过程中的突发状况，如学生肆意发散思维、备课内容过多或过少等。还好在试讲前，我们进行了学生集体备课和教师指导备课。对于我这样的新手来说，这两个环节都十分重要且有帮助。

该同学担心的事情是多方面的，如教授的内容、课堂的管理、学生的参与热情等，其焦虑范围和焦虑程度显而易见。她全面回顾了集体备课和教师指导备课对自己的帮助：

> 在学生集体备课中，大家可以博采众长，通过"头脑风暴"，从不同角度对同一个知识点提供不同的讲解方法；可以虚构一个课堂环境，让一个同学模拟教学，其他同学充当二语学习者，测试不同方法所引起的反应，从而帮助我们选择相对较好的一个。这一环节使我们能够推测将来课堂上可能发生的情节，并预先准备应对方法，从而增强我们管理、组织课堂教学的信心。
>
> 教师指导备课给我们提供了更大的帮助，毕竟老师的经验非常丰富。如果说，学生集体备课中所提出的课堂情景的设想是基于学习经验的想象和推测，那老师提出的师生互动方式则是基于教学经验的整理总结。面对我们的疑问，老师能够提供更加贴近现实的处理方法和技巧，也能为讲授内容提供更加贴近课堂的情景。同时老师的指导备课事无巨细，既有整体筹划，为我们说明学生和教材的特点、课程目标等；也有细节着力，为我们提供更准确的语法点语境、课件图片等。老师的指导极大地增强了我们授课的信心。

该同学最后的陈述中提到，集体备课和教师指导备课二者的结合在为初教者建立信心方面起到了关键作用。我们可以感受到该同学已经能够放松心情，积极应对即将到来的课堂教学挑战了。

在帮助职前教师建立自信方面，齐老师除了对同学们进行备课指导，使其对教学内容充满信心外，在实践课堂上对同学们教学行为的即时指导也非常注意方式。职前教师在授课过程中，会出现节奏的把握、重点的选择、讲解的深浅、环节的处理等问题。齐老师并没有直接打断教师，而是用递纸条的方式去给他们指导和提示，我们在 2015 年春季课程上观课时也发现齐老师这样做，课后访谈齐老师，问"您这样做的考虑是什么”时，齐老师这样回答：

> 不打断他，他正在讲，有一个连续性，其实你如果在那儿喊停或者大声喊什么的话，整个课就没法儿往下进行了，对老师、对学生都是一个打击。所以说为了让这个课正常进行，我把纸条传给他，他不一定马上就能够反应，但是他会在下面的步骤里把我这个建议放进去，所以不显山不露水地就把建议吸收进去了。而且他知道他的问题是什么了，所以说他不会惊讶到说老师打乱了他的节奏。

从教室里的位置情况来看，授课教师站在讲台上面向班里所有人，班里的留学生志愿者都在前排就座，其他职前教师坐在后排观察并对课程情况做记录，齐老师习惯坐在二者的中间部位，即留学生后，职前教师之前。齐老师也是一边观课一边记录，当齐老师递纸条给授课教师时，留学生不会觉察到。为了让课程自然进行，齐老师并未起身，只是轻轻地向教师晃一晃纸条，教师就走下台来从齐老师手中取走意见，并不中断课程。齐老师这样做的目的就是给教师一个课程的完整性，及时纠偏：

> 接到纸条的人，都没有说当时慌乱得不得了，但是他看了之后就会调整，这个主要是不打乱进程，而且又给老师留一点儿面子。

齐老师很清楚这样做的安全性：

> 我给他纸条，他下来拿，学生看不见。

那么纸条上写的是什么？是什么情况使得齐老师必须马上进行指导呢？我们了解到齐老师给学生写的纸条有这些内容：

> 太快了！
> 慢一点儿！
> 讲得太多了！

加强互动！

照顾不说话的。

……

当学生接受了建议之后，效果是否达到了齐老师的预想？齐老师谈了学生的表现，并对课堂上哪些教学行为需要提醒做了解释：

好一些。因为有的学生讲得太多了，在那儿不停地讲。我说“你少讲多练，不讲，不解释”。我给他写几个词，他后头就会控制。虽然效果不会那么理想，但是起码不会像前边那样。有些人的问题是可以容忍到最后的，有些人的问题是没法儿容忍的，实在是容忍不了的就要递纸条。

我们也注意到齐老师除了递纸条指导学生及时纠偏，调整教学外，还会以微笑、点头等方式表示赞赏和鼓励，以这样润物细无声的方式，帮助学生顺利完成教学，使学生对今后真正走上讲台教学充满自信。

2.3　建立教师角色认知

同学们在反思中除了对课程内容进行反思外，还不约而同地讨论起关于汉语教师的角色理解。关于教师的角色有多种隐喻，黄广芳、何翘楚(2017)统计国外学者对教师隐喻的分类达 26 种，前三位分别为“知识提供者”(31%)、“指导者”(15%)、“园丁”(10%)，国内学者对教师隐喻的分类为 22 种，前三位分别为“知识提供者”(15%)、“领路人”(12 %)、“养育者”(10%)。不同的教师隐喻往往对应着不同的教师观念与行为，体现着不同的教学期望。而针对对外汉语教师的角色隐喻也是多样的，但有一定的专业性特点。关彩萍(2013)以调查问卷的方式收集了 39 个来自北京大学与暨南大学的汉语国际教育硕士关于对外汉语教师角色的有效隐喻，可分为文化传播型、全能型、中介指导型、创意型、照顾培育型、知识传授型、奉献型、朋友型和育人型等九种类型。又选取 4 人进行访谈，发现汉语国际教育硕士眼中的对外汉语教师角色体现了五个主要特点，分别是：(1)肩负文化使者的重任，具有良好的跨文化交际能力；(2)重视学生学习的主观能动性；(3)知识渊博，通古晓今；(4)重视师生平等，关注学生需求；(5)重视知识传授。

在“对外汉语教学理论与实践”课上，职前教师对教师角色的理解也是多样化的，但角色隐喻并不是一成不变、贯穿始终的，而是会随着教学的每一个环节而发生改变。一位同学将教师指导环节比作演剧：

> 我觉得在教师指导环节，老师像一位导演，我们则是演员，课本就是剧本，学生是观众。我们按照课本准备了我们的表演，但是第一次当演员有时不知道怎么发挥，有时又发挥得过头。我们小组在教师指导前其实已经相互试讲了一遍，但是老师这位导演显然对剧本的理解更到位，也更了解学生。以我自己为例，我负责生词部分，我基本是采用提问题和展示图片两种方法来讲解的。老师一下子就指出我设计的操练过多，并且利用的多是“远距离”的例子，没有很好地利用教室场景。教师指导后我修改了教案，但是在试讲时我觉得自己还是有这两个问题，说明老师指出的问题的确是我习惯性的问题，并且需要在实践中逐渐改正。

该同学用演剧关系将教师教育者、职前教师、汉语学习者、教材连接起来，从而使这几项教学重要因素形成了一个有机的统一体。结合个人的备课内容，在教师指导下所进行的调整取得了较好的效果，这样的反思让我们更为细致地看到了教师指导的价值。

第三节　试讲点评强化教学信念

3.1　同侪点评帮助共同进步

培养职前教师的专业能力和职业眼光是本课程的重要目的之一。

点评环节不仅可以对学生的授课表现进行评价，同时也能够训练学生们以较为专业的眼光对课程进行分析。由于这是一个无法提前准备的活动，存在很多不确定性，而此环节又跟个人表现密切相关，既要评价别人又要接受别人的点评，两个环节都无法置身事外，因此几乎所有同学都对此环节十分期待。一位同学的看法很有代表性：

> 我很喜欢同伴点评这种合作学习的方式，我认为比小组合作更好。从高中开始我就有很多小组合作作业，但是最后所谓的小组合作不是一两个人完成了大部分人的工作，就是每人负责一部分却没有合作。同伴点评是一个真正互动的过程，谁参与其中一目了然，而且参与者能够获益。

每一位同学都既是点评者又是被点评者，两种身份交织在一起，我们从学生的反馈中发现所有学生都对作为点评者和被点评者予以积极的评价。一位同学写到：

> 首先，作为点评者来说，从别的同学身上学到了很多，对于同一个教学内容，大家有很多有创意的设计，给了我很多的启发。另外，在旁听课堂时也更容易让自己去借鉴他人的优势。此外，我认为点评的过程也是进一步交流的过程，能进一步了解课程活动的设计意图，也更能根据意图去反思为什么在课堂中反映得并不明显，从而避免这一问题的再次出现。其次，作为被点评者，同学间的点评让我觉得更为平等也很容易接受，同时也可以从别人那里获取新的灵感。

一位同学注意到了点评者和被点评者的视角不同：

> 在点评环节中，无论是点评者还是被点评者，都在互相学习，每个人在观课的过程中都有自己注重的角度，不同的视角可以发现不同的问题与亮点，就像是面对不同类型的镜子你总会发现一些值得学习的地方，并开始进行反思。

另一位同学也同样认为同侪点评和教师点评有着不同的角度，但都促进了同学的共同进步：

正如老师所言，我们虽大多没有实践经验，但都是本专业的学生，我们的同侪点评算得上是半专业的了。而教师点评和教师备课指导一样，一如既往地发挥了重要的作用。所以点评环节无论对点评者还是被点评者来说，都是共同进步的过程。

该同学还谈到了作为点评者和被点评者的不同收获：

作为点评者，发现别人教学有闪光点时，不吝啬赞赏并借鉴到自己的教学中去；发现欠妥的地方，也可以礼貌指出，大家一起探讨是否有更优化的处理方式。而作为被点评者，别人发现自己教学的亮眼之处，自然是美滋滋的；但即便是指出问题，虚心接受、加以反思后必定是以后教学之路的一大财富。优势与弱项的发现者除了自己以外，别人也很关键。所以，这种学生合作学习的方式不但利于学生发现问题、分析问题，也能引导学生解决问题。

有着同样体会的同学还有不少，一位同学详细地分析了作为点评者和被点评者的不同感受：

在同侪点评与教师点评环节，我作为点评者，能够带着“学习”和“提问”的眼光去听课。对于同学们别出心裁的课堂设计，自己会记笔记，找寻别人试讲环节中的闪光点，然后思考如何借鉴到自己的课堂教学中去。而对于一些不太赞同或自己认为做法欠妥的教学方式，自己也会记录，然后提醒自己不要犯同样的错误。当然，对于同学在试讲环节中管理课堂和学生的方式，自己拿不准到底怎样才是好的，这时候就需要教师点评来解决疑惑。

作为被点评者，我能够通过同学和教师的评价，认识到自己在课堂上出现的问题，所谓“当局者迷旁观者清”，在真实的试讲环节中，因为比较紧张，自己意识不到所说的话可能是有问题的，所以某些处理不当的地方会选择忽略不计。这个时候，同侪和教师的点评就能很好地解决这一点，让试讲教师真正意识到教学中出现的问题，然后在这个基础上加以反思、改善和进步。总的来说，我认为通过同侪点评与教师点评环节，收获最大的是通过他人学习到了更多，也发现了自己真实存在的问题。

在点评中，课文内容、教学步骤、教学行为等都会受到评价，一位同学谈到从课堂上一些具体的教学处理受到启发：

同学和教师点评环节，这是一个多视角的点评，而且试讲结束以后马上点评，所以可以发现自己意识不到的不足。老师和同学们提的建议当中有许多可以开阔自己的视野，包括黑板的使用方法、教师的语速、声音的大小、教师的行动区域以及卡片中的拼音的位置等，有很多详细的反馈，这些对我来说都是收获。

对别人点评往往是从旁观者的角度进行的，心情比较放松，观察也比较细致，总体上是比较容易操作的，但作为被点评人就没有那么放松了，由于很多同学都是初次授课，还无法做到从容应对、游刃有余，能够把课上下来就算是很大的成功。他们需要从别人的点评中再发现自己。一位同学详细地写出了同学点评和老师点评的不同作用：

接下来是同侪点评与教师点评环节，这让我们可以从更多不同的角度来思考问题。作为被点评者，说实话，在自己试讲环节，因为身处其中，更多的是全身心地关注教学流程，对教学效果，甚至是教学内容都无暇关注，更不要说自己的话语、仪态等。因此经常产生“不识庐山真面目”的感受。因此十分需要老师、同学的点评，让自己意识到问题、弱项所在。而作为点评者，试讲环节则是一个比照自身、不断反思的过程。对于他人，我们总是倾向于更加严格要求，因此更能发现他人问题。在发现他人问题的过程中，我们会有意无意地反思自身是否存在这些问题。同时其他点评者也能为我们提供一些对因自身偏好而忽略的问题的看法和建议，集思广益：像我比较关注课堂流程的起承转合和各内容间

> 的连接是否自然、是否合乎逻辑，有的同学更加关注课堂提供的情景是否切合实际、是否具有实用性，有的同学则更关注教师话语的语法是否正确、指令是否清晰；而经验老到的老师甚至还会关注到试讲同学的服装、姿态等细节问题。这些都是非常难得的体验和建议，让我获益匪浅。

即使感觉同侪点评不够专业的同学，也仍然认为从观看他人的授课中有所收获：

> 虽然我觉得同学们的点评可能不够一针见血，但是观摩其他同学的讲课还是很有意思的。大家表现出了不同的风格，还有很多新的教学方式，比如磁铁贴等，这是一种很有益的学习。

与教师教育者点评不同的是，教师教育者的点评代表着一种权威，而同学互评让彼此拉近距离感，没有谁是绝对权威，也没有谁是天然的弱者，彼此地位是平等的，但又各有特点，彼此所要呈现的内容存在信息差，引导大家保持好奇心，期待“剧情”向前推进。同时作为点评者和被点评者，促使学生自身摆正态度，学会从积极的方面去观察和评价他人。而来自他人的评价，即使是指出缺点和不足，也是带有积极建议的、善意的评价，能够让人心悦诚服。在所有同学的反思中都谈到了自己的收获和进步，没有人对此抱有怨言和不满，从而达到了合作学习应有的效果。

3.2 教师点评直指问题要害

作为一名教师教育者，齐老师从多个方面对学生的授课表现进行点评。由于课堂时间有限，齐老师总是在同侪点评之后再谈自己的看法。从同学们的反馈来看，所有同学都表现出对老师点评的信服，而由于每个人观察角度不同，对齐老师的点评又有不同感受。绝大部分同学都提到老师能够抓住问题关键，一针见血地提出教学中存在的问题，给出的解决方案操作性比较强：

聆听老师的点评更是如此，老师教学经验丰富，往往能从一个“过来人”的角度给出中肯而且实用的建议，而且老师提到的点都是非常重要的，是新手教师容易忽略的方面，尤其需要引起我们的重视。作为点评者，我往往会将他人的试讲表现和自己曾经的表现对比，尤其是讲授同一环节的同学，比较我们对相同问题相同场景的处理方式，然后尝试点评。

一位同学完全没有接触过课堂教学，跟其他新手一样，自然会有很多疑问。老师点评让其感到前面有引路人，自己也能够增强信心：

但更多的情况下，点评环节其实是一个同学提出疑问，老师回答反馈的过程。我们大多数同学都几乎没有真正在对外汉语课堂上进行过教学，少数像我一样的甚至没有接触过对外汉语课堂，基本上都是新手，因此我们仍有很多疑惑需要解决。而老师的回答是具有启发性的，既给出一个基于多年教学经验的答案，又鼓励我们探索更多的方法来达到目的。点评环节让我知道很多同学和我一样都留有很多疑问，有经验丰富的老师在前面为我引路，让我一方面增强信心、不犯怵，一方面激励自己仍需努力。

一位同学将同侪点评和教师点评进行比较，认为二者都对自己有很大帮助，并具体提到了教师点评的内容，表示会在将来的教学中注意：

同侪点评是站在同样是新手教师的角度提出一些意见，这可能也是他们在备课时遇到的一些困惑和疑问，他们可能更容易看透我的设计意图，也更能理解我的设计思路。教师点评是站在更加科学的角度提意见，老师是更加成熟和专业的教师，所以会给出一些更有建设性的意见，我觉得两者的角度都特别重要，只有认识到自己的不足才能更好地进步，所以很感谢提意见的同学和老师。

我记得老师在点评的时候说我在讲生词的时候可以将线索

串得更明显一些，这课讲的话题是旅游，我可以一开始就给学生这个话题背景，然后像导游一样，引导学生顺着自助游和旅行团的两条路线认识生词，我也觉得这样讲解可能会更好地帮助学生掌握生词。我觉得以后备课要多思考如何串联生词。老师也给我们组的其他同学提出了一些意见，我认识到今后在设计活动的时候还是要把控教学材料的难度，避免过难或过易，要符合学生的水平。

在这个班里有几名台湾学生，他们使用的台湾话在有些方面还是很有辨识度的。而在内地学习，人们都以普通话为正宗，对台湾话的表达一般持排斥态度。在同学做了课堂展示之后，老师所做的点评让内地和台湾同学都没有想到。台湾学生对此感受如下：

在点评环节中，令我印象最深刻的就是最后一节课，我们作为被点评者，还记得当时我们的试讲组员都是来自台湾和澳门的同学，虽然我们很努力地监控自己的语言，但仍然会不小心讲出台湾话，当时同学就提出了疑问，而老师最后也给了一个很棒的建议，希望我们来到北京后，可以学习建立两套教学系统，一套是标准的普通话，一套则是我们原本的台湾话，未来根据不同的教学环境以及学习需求来切换自己的系统。以前我总认为台湾腔或台湾话是身为台湾生的一大弱势，然而老师的建议却让我发现原来稍加调整，弱势也可能成为优势，所以当我们发现自己弱势的时候，第一时间不应该是自卑，而是应该思考该如何转换或者调整，努力去展现最好的自己。

老师的处理方式也让内地同学产生思考：

同侪点评后的教师点评，有指导方向的作用。例如港澳台同学试讲的那节课，我听到了很多和普通话表达不一样的地方，我想当然地认为在北京教对外汉语就要以普通话为标准，“你有去过云南吗”这种表达我是绝对不接受的，但是在点评时老师提出了“大华语”的概念，还指出如果语言教师能清楚地意识到自己在用普通话还是国语，能掌握两套系统并能根据教学地点、所教对象切换，那就比只会一种系统的教师更胜一筹。听了老师的点评之后，“捷运”“单车”“凤梨”要怎么用、怎么教都重新引起了我的思考。

每次课堂实践结束之后，同学们都期待着老师能够从专业角度对自己的教学进行检验和评价。同侪评价的内容和老师评价存在着一定的感知差异，有一位同学明确写到：

我必须说我喜欢教师点评多于同侪点评，但不能否认的是，这两者都对我们有很大的帮助。作为点评者，在每一次听课时，我都仔细地记录下每一组每一个环节的情况，他们运用了什么方法，做了什么样的活动，等等，但我发现在每一次的同侪点评环节我都没能发现太多其他组的缺点，我都觉得他们表现得很好，发现不了问题也许是我本身很大的一个问题，于是后来我就转向点评这组和前几组有什么差异。的确可能有“都是同学，不好意思批评”的想法，但我知道，这是互相学习和进步的过程。而作为被点评者，当然也希望听到越多有关于好的以及不好的方面的评语，这些批评与指教都将成为进步的基石。而教师点评更是让我们听到很多来自老师而我们不太注意到的细节问题，比如哪里讲得太多了，而哪个环节可以加一些文化的知识。所以不管是同侪点评还是教师点评环节，这样一种及时点评，得到教学反馈的环节，让我们收获更多。

以上内容可以说是学生们在课程结束后所做的结果性反馈，在实际点评过程中齐老师具体是怎么指导的？她关注了哪些重要指标？我们将齐老师2015年课堂数次点评录音转写后进行了整理，发现在以下方面都提供了一些教学原则：

(1)过硬的基本功

拼音写法是基本功，但是仍然不断犯错，这样的问题不实践不会引起重视，有的问题不实践不会暴露，不实践不知道这会是自己的问题。

讲课不能有硬伤。对一些语言点的解释，词语的搭配，能够做到让学生马上理解，还能够说出一个比较正确的句子。如“要下雨”和“会下雨”，重点是“要”和“会”，不能用更难的词“即将”解释，也不能说两个词差不多。

当学生有偏误问题的时候，要明确给出学生正确的示范，不要再用新的错误误导学生。

(2)词语及语言点教学

注意背景知识，解释不足会妨碍理解，比如“光盘行动”，不解释的话，没有几个学生会明白是什么意思。

熟悉大纲非常重要。在讲解新词语阶段，不要出现课本中没有的新词、新语言点，这样会导致老师说得太多，并且增加学生理解难度。例句尽量保证没有新词，减少理解障碍，极个别避免不了的，比如量词，可以给图画。词语辨析时用学过的词语进行辨析，如“参观”和“访问”都是甲级词，级别相当。是否要辨析词语，要根据课本的情况，不要增加学生理解和掌握的难度。

应适当补充与时代结合的新词语，比如说与“微信”相关的词语，但是不要过多，用有效的一到两个例子说清楚就行。特别抽象的词语，让学生在体验中学，不过度扩展。对词语的理解，讲得多用得少，是一个普遍性的问题。

视频及配图都要与词语吻合，找不到宁可放弃。比如一些抽象的词语，如“遗憾”，几个难点放在一起后，对学生来说就是无效的。

语言点的解释和具体操练，要考虑学生的接受程度，给出贴近学生生活实际和具体情境的例子。

(3)提供语境

提供的语境应是学生很熟悉的，能够理解的。结合与学生生活非常密切的具体语境，抓住重点，学生看了以后觉得有用，记下来马上就能说。给出语境让学生造句的时候，要考虑学生是不是马上就能说出来，必须很具体。如果太宽泛，一是学生不知道该怎么回答，二是说出来以后老师也不知道怎么控制，要让学生根据设计说出预设的答案。比如问“你最近有没有倒霉的事”，这个语境就太宽了。

（4）文化与跨文化交际

关于文化，有的应当展开，形式要多样活泼，如太极拳的展示；不同文化背景下的理解是不一样的，如在中国，59 分是不及格，但在很多国家评分标准和中国不一样；尽量减少与学生的直接身体接触，特别是异性之间，包括双方之间所站的距离。

（5）教材及课件使用

大部分学生遇到的大问题是不能有效、充分地利用教材，教材在生词和语言点的讲解中被拆解得支离破碎，失去了完整性。齐老师展示了课文的具体运用流程与方法。

老师备课时，用本课语言点或已经学过的内容写一篇新文章，把班上同学的信息再穿插进去，念完了让学生复述，很有效。

留学生志愿者刚开始来得多，后来比较少，一方面是因为学生是课余时间上课，可能会有事而不受课程约束；一方面也要反思前面的授课是否过于平铺直叙，没有做到让学生心中特别期盼。

PPT 要重点突出，层次分明，学生一下子就能注意到。有设计，呈现出内容之间的逻辑关系，是补充关系还是均衡关系。运用要有度，不要过度依赖视觉，要充分利用学生的听觉及说话能力。大家普遍过于依赖 PPT，课文都呈现在 PPT 上了，要让学生直接看课本，更有利于学生做笔记。

（6）课堂活动

结合学生的做法建议采用小组合作方式、领读课文方式。

课堂指令语一定要规范，不能冗长复杂，如果说出来的话学生听不懂，就都是耽误时间的赘词。应当简洁有效，三言两语就解释清楚，不要重复，“要干干净净地讲，不要占用宝贵的课堂时间”。

话不是念出来的，是说出来的，要符合身份与情境，老师要做的工作就是创造情境与不同的身份，让学生以说而不是念的方式练习。情境创造可以准备相应的道具（某课中化妆品、水果刀、充电宝、登机牌，都是生活中好拿便携的，练习“托运”和“随身携带”）。

教师的体态语，对于学生的理解非常重要。老师僵在讲台前面画画儿，而没有走下来和学生互动，肢体活动也比较少，这是不可取的，应该有动作、练习、互动。这又是一个不实践发现不了的问题。

机械性练习太多，交际性不足。学生开口率低，老师的控制性太强。不是只有到了分组阶段才开始交际性练习，要随时进行。

老师不能提前下课，这样做是一种教学事故。学生再少老师也要站好每一分钟，让每一个来的学生，都觉得是值得的，老师是重视自己的，老师对待教学的态度是认真的。

（7）练习和复习

练习是分阶段的，机械性练习也可以做得十分生动有趣，如给学生提供场景和角色扮演；控制性的练习多，自由发挥的练习少，为什么学生上课学了那么久，下课还是不会用或者用不上？就是因为课上学的没有和生活相结合，只是一个一个单独拿出来，为练习而练习。

语音语调非常重要，纠音和正音是必须做到的，纠错既要引起学生重视，又要兼顾大家时间。对于学生习惯性甚至化石化的错误不能放任，必须纠正，如三声问题，可以练习“我是好人，我不倒霉，好人不倒霉”。使用温和、有趣的办法让学生自己理解，时刻警惕。个别性问题不必课上耽误其他学生的时间，下课单独指出和辅导。普遍性问题集中讲，用他们学过的词语来纠正。

学生水平有高有低，要关注每一个人，可以给出有差异的任务。如微信录音所有人都参与，但是水平高的难度大，水平低的易完成，最后都要给予鼓励。如果不是所有同学都参与的，就说明老师活动没设计好。老师话语减到最少，把时间尽量给学生。

由于留学生是志愿来上课，可能不是每次都能到。有的学生上次课没有来，复习还做不做？这是特别典型的来自课堂实践的问题。只要有学生学过，就要做复习，同时让没有学过的同学参与进来，不能让学生感觉被边缘化。让所有学生融入课堂，这是一个整体氛围的控制问题。

(8)教师意识

万变不离其宗，课堂的掌控，归根结底是教师的硬功夫。基本功最重要，教学技巧和个人魅力可以慢慢积累。经过一个学期的课，我们是否能够一进课堂就让学生感觉到自己是一个老师？现在大家自己定位还是学生，如果是老师的话就会在很多方面要求自己，和过去就不一样了。着装要注意，教学态度要能让学生愉快地接受，练习方式要有效，让学生一遍就掌握，而不是一遍一遍地练习。

站在讲台上时的状态非常重要。要有信心在课堂上保持教学效率，用良好的情绪感染学生，让学生觉得老师始终是关注自己的。用眼光和学生交流，与所有人都有交流，要从这一基本点做起。语言本体知识的讲授要让学生能够接受，还要用愉悦的形式。大家应该有相当的自信，不仅能够教学，能够学习，还能让大家感受到热情，为社会做出一些贡献。

3.3　职前教师及时领悟思考

在整个学期授课过程中，无论是作为理论部分的讲义和讨论，还是作为实践部分的授课和点评，在培养职前教师的教学信念、教学意识、教学技能、职业眼光等方面都是不可或缺的。由于每一个环节所训练的角度不一样，同学们所获得的反思内容也有所不同。在点评环节，同学们对自身的教学状况格外注意：

> 观摩课后的同侪点评环节我发言不少，但是我清楚作为旁观者指出问题是容易的，真正做到却很难。例如我观察到的教师语速过快、教师话语过难或是说了很多不必要的话等问题，我自己

在教学中做得也不好。可以说我着重关注了我意识到的自己存在的问题,然后发现同学在试讲时也存在。我作为被点评人也很乐意听一听同学的看法,看看他们观察到的我的问题和我自己意识到的问题是否一致。

同侪点评对点评人的帮助也很大。在指出同学的不足时,提出批评的人肯定会先反思一下自己这一点是否做得到位。在表达不太认同某一教学行为时,内心肯定已经对比了各种方法,权衡了利弊以后才发表意见。为了做好点评,还会激活一些以前理论课上学到的知识。这样一来,点评人会变得越来越专业,也相当于不断给自己制定标准。

一位同学认为"点评环节是整个试讲过程中收尾环节,对前面整个过程进行回顾、反思和总结"。她也同样肯定了这个环节促使自己反思:

作为被点评者,这是我提高和改进的又一次机会,每个人都有他观察问题的视角和方法,别人往往能看到自己看不到的地方,听大家指出自己的不足和缺点争取以后改进,自己表现比较好的给大家印象深刻的地方,提醒自己以后要继续保持。聆听大家的分享是一种很好的体验,而且往往有"原来如此"的感觉。

通过点评他人的表现来反思自身的问题,能够帮助学生在今后的教学中有意识地避免或改进:

点评环节是收获最多的环节,学生和老师就像我讲课的监视器,能够发现每一个你意识不到的问题和错误,这也正是纠正和改进自我的最佳时机。作为点评者,一方面可以看到讲台上老师的问题,一方面也能发现自己存在的问题,比如语速过快,教师使用的很多词汇等级过高,学生可能听不懂,还有自己平时生活中不注意的一些语法错误,都可以在这个环节被发现,从而可以让自己注意到自己的问题,进一步作出修正。

另一位同学也同样提到她非常喜欢这个环节，同学授课的优点和不足都可以注意到：

我最喜欢的环节就是紧接在试讲之后的点评环节。在这个环节，同侪跟老师都非常友善，会给予鼓励也会提出建议，同时也会抛出许多问题，全班跟老师一起集思广益，想出更好的解决办法，不仅帮助试讲同学，也有助于台下同学的学习。有些试讲同学的优点，我们可以学习，而有些问题可能是我没注意或根本不会注意到的，但是通过同学提出，让我有新的发现，记下笔记，下次换我上课时，我也能够有所注意，不犯相同的错误。正所谓“见贤思齐焉，见不贤而内自省也”，所以我觉得这样的合作学习有助于全体学生一同成长。

有些同学观察得非常详细，一位同学写到：

作为点评者，我更多的是给予同学们鼓励和肯定，并与他们交流自己心中的思考和疑问。从一个旁观者的角度，我能明显地感受到部分有课堂教学经验的同学在处理教学环节和课堂问题时显得更加游刃有余，也感受到了新手教师巨大的成长空间。作为被点评者，我收获了很多没有观察到的细节建议，比如“赌博”和“打赌”的辨析、对学生错误表达的纠正、拼音的规范书写等。我在点评环节的相互交流中意识到，有的时候教师的教学设计、教学意图不一定能被学生和观课者及时领悟理解，我们往往需要后续的交流补充，才能充分展示我们的所思所想。如何提高自己课堂的信息接收度，是新手教师可以打磨自己的地方之一。本次课程充分运用了学生合作学习的形式，同学们在积极的互动合作中获得了提高与进步。

另一位同学观察角度也是多样化的：

作为点评者，我认为这是一个很好的交流彼此看法的环节。老师和每位同学的观察点都不同，能让我从多个角度进行思考。比如，有些同学会关注“指令语”，有些则关注到“错字”“文化教学”“教学设计”等多个方面。作为被点评者，通过和大家的交流，我意识到自己的不足，也看到自己在教案设计中一些“理所当然”的部分原来并非如此。这启发我，在设计教案时，要站在学习者的角度思考。

她还把自己在交流过程中记的课堂笔记分享了出来，其“收获”列出如下：

(1)教师提问后，要给予学生一定的时间回答问题；

(2)教师少做陈述性话语描述，多提问，起引导作用；

(3)教师应和学生形成有效的交流，而非单向的教学；

(4)如果一个学生提到一个其他学生可能不明白的生词，教师应该写在黑板上并做解释；

(5)学生发音有问题时，应纠音；

(6)教师应有意使用本课生词；

(7)学生回答问题后，教师应该给予回应，有时候可以做总结发言；

(8)适当复习之前课程的内容。

一位同学注意到班里同学比较共性的问题而进行了如下反思：

在点评其他同学的时候，我也常常会关注同学教学的一些细节，有值得学习和借鉴的地方，也有我们共同存在的要改正的问题，比如教学内容的呈现，什么时候纠错，哪些错值得纠正，老师提问时的姿态，等等。这让我们不仅从学生的角度，也从老师的角度去观摩其他同学的教学过程，“见贤思齐焉，见不贤而内自省也”，对于以后的课堂教学也很有帮助。

总的来看，2018年在教学准备环节增加的“教师指导备课”，在教学反思环节增加的“学生课后反思并形成教学反思报告”，都让我们很清楚地看到职前教师的专业成长状况。教师指导备课以及同侪点评及教师点评这些环节有助于促使同学学习他人，警醒自身，共同进步。

从整体授课情况看，学生们不仅了解了基本的课堂教学程序，掌握了一些基本的教学技能，而且在对总体课程进行回顾，对自我教学进行反思方面，具备了一定的专业眼光，在培养国际汉语教师意识方面有了明显的进步。

第四节　课后反思完善教学信念

4.1　对汉语课堂教学认识产生变化

2018 年和 2019 年的课程上，尽管学生人数增加了很多，但仍约 90％的学生此前从未有过教学经历，这与 2015 学年的学生情况大致相仿。因此，在学习此课程之前，大部分学生对于汉语课堂教学的认识停留在课本知识，对留学生带有一定的刻板印象。

> 这门课开始之前，我对对外汉语教师、对外汉语课堂、课堂教学对象的认识还停留在感性阶段，更多的时候是凭借着自己的想象去勾勒认知。(S32)

首先，学生认为对外汉语课堂教学与其他课程，特别是语文课程的差别不大，只要掌握通用的课堂教学原理与流程，以及基础汉语本体知识，就能教好对外汉语。

> 我本以为对外汉语教师只不过是一个知识的传授者，而汉语课堂教学则有一套普遍的套路，可以放之四海而皆准。(S12)
>
> 在本课程开始之前，我认为对外汉语教师的职责就是讲授汉语知识，让学生喜欢学汉语，学好汉语。所以对外汉语教师最重要的是对汉语有丰富的感性认识和扎实的理论功底，这样才能正确地把汉语语言知识教给学生，也才能从容自如地应对学生提出的各种问题。对于对外汉语课堂教学，我觉得只要准备充分，把课堂的每个环节都设计好，这样课堂就不会有问题。(S15)

其次，学生认为教学的重点在于"教"，只要教好了，学生自然会习得汉语，课堂教学的主体是教师，并非学生。

> 课程开始之前，我觉得对外汉语教师需要运用各种不同的教学法，对外国学生进行反复的操练，需要自己准备大量的教学内容和练习内容，整个课堂像表演一样环环相扣，考虑更多的是教师如何运用教学法和教学技巧将语言点串联起来。(S19)

再次，有学生缺乏对留学生学习风格与特点以及二语习得过程的关注，对留学生学习汉语存在着刻板印象。

> 我以为对外汉语课堂都是枯燥无聊的，因为要面对一群外国学生，耐心地教他们说汉语、写汉字、认识汉语词汇、理解汉语结构，感觉很难沟通，也比较无趣；另外，我以为课堂纪律大概率也不会好，尤其是欧美学生较多的课堂。(S32)

最后，学生虽然初步了解对外汉语教师应具备的基本素质、对外汉语课堂教学环节的大致流程，但不知道应当如何实践。

由此可见，在学习这门课程之前，学生对于汉语课堂教学的认识，停留在较为肤浅、刻板、具象的层面，从课堂教学中发现值得深入研究的学术问题的科研意识，更是无从谈起。

通过一个学期系统的理论学习、观课、课堂教学实践以及课程反思，同学们对于汉语课堂教学的认识与理解有了较为明显的转变与提升。特别是"以学生为中心"的教学原则，很多同学的理解是从无到有，由浅入深。

4.1.1 对留学生学习特点的重视

> 有一个韩国女留学生的上课情况是这样的：她是一个按部就班的学生，她需要确认老师讲到哪里，马上跟进并及时做笔记，其中一个步骤一旦被打乱，她一整节课的状态、知识的接收也将大打折扣。她的出现让我更加关注学习者本身的因素，不同的学习

者有不同的学习策略、认知方式。这种类似的情况在日韩学生中是相对常见的，所以老师在面对这些学生时，应时刻跟进他们是否在你的教学内容上，多提供一些适时的帮助，这样才不会让学生在整个课堂的表现越趋被动。因此，在课堂教学中还要尽力做到“眼观六路，耳听八方”。(S12)

我们在课堂上选择的操练方法和文化点都是在备课中预设学生会对这些方式感兴趣，觉得有意思以达到调动课堂气氛的效果，但最终呈现在课堂上的效果不一定很好，我们应该去了解学生喜好的操练方式和能引起学生兴趣的文化点呈现方式。(S14)

课堂教学不是老师的独角戏，而是老师和学生共同的表演，老师更像一个导演，而学生是真正的表演者，教师讲解就类似导演讲戏的过程，所以一定要注意留给学生“表演”的时间，所以师生的互动和学生的主导作用需要老师来把握好，也就是教师的“脚手架”作用。(S15)

在备课时我预设了一些留学生可能出现的偏误和问题，比如“*这条裙子好看是好看，就是款式没的说”，学生不知道如果使用“A是A，就是……”时，往往“A”是好的、让人满意的部分，“就是”后面接的是不太让人满意的部分。(S16)

了解学生情况，学生的数量、年龄、性别、国籍、汉语水平、文化背景、认知风格、学习策略等，以及学生学习汉语的目的，这样才能有针对性地进行教学内容和教学方法的选择，课堂活动也要适应学生的认知风格和学习需求，在提问的时候要关注每一个学生，如果水平差异比较大的话，要给学生设计不同难度的问题。(S19)

4.1.2 对备课环节的高度重视

自2017年起，本课程增设了集体备课环节，这对职前教师来说充满新鲜感，他们通过集体备课充分体会到合作学习、群策群力的作用，对教师学习共同体有了切身体会与初步认识。也正是这一环节的存在，让学生了解了备课应该备什么以及怎么备。尽管经验的缺乏以及作为新手教师初上讲台的紧张和焦虑使得备课预设与实际的课堂教学效果有所出入与偏差，但是，职前教师通过对备课环节的充分体会与浸入体验，全面理解了备课对于上课的重要性与不可或缺性，这便达到了本课程的应有之意——让职前教师充分重视备课环节对于整个对外汉语课堂教学的重要性。

> 备好课是第一位的。新手教师缺乏教学经验，又不了解学生，对语言点的把握以及课堂的掌控能力都不够。学生的水平有差异，内容准备需要照顾到所有学生。要避免水平差的学生跟不上、水平高的学生喂不饱的情况。因此备课需要花足心思，考虑到方方面面。(S36)
>
> 集体备课可以让我们在同水平中交流，同学之间互相分享看法，更容易看到我们的共性，也可以看到自身和别人的差异。……一次优秀的课程是需要不停修改和打磨的，集体备课的过程也可以看作是磨课的一部分，同时大家在讨论时，对于汉语本体知识等理论知识的理解也更加深入。(S22)
>
> 通过集体备课，我也改变了自己的心态，从非常焦虑过渡到适当焦虑，让我相信自己的备课是有效的。除此之外，通过集体备课，我也想去探求教师共同体的发展和存在价值，尤其是国际汉语职前教师共同体的存在，因为我深深地感受到教师之间的合作对一个教师的成长起到了非常重要的作用，这种作用不仅体现在教师教学水平的提高，也体现在教师心态的调整上。(S23)
>
> (备课环节)让我们自己会主动去看一些相关文献、教学视频，再结合之前小组的教学展示来对自己要做什么工作进行真正的思考。通过这个环节，我真正去思考了怎么把老师上课讲的理论运用到实践，尽管很多想法都是初步的，但是我认为这个环节促使每一个同学真正去思考应如何教学。(S25)
>
> 这是我第一次和同学一起讨论备课，(我)非常喜欢这个环

节。一方面我们可以从同学的评价里看到自己的不足;另一方面,在观察同学、提出建议的过程中,我也能发现自己身上存在的问题从而加以规避。另外,四个人一起解决问题,办法总是比较多的,那种豁然开朗的感觉真的很棒。(S30)

我的感受是大家对知识点的把握、对教学内容的安排等想法差别挺大的。学生一起备课的价值更多体现在听对方试讲的过程中,能在课下试讲的时候就连贯性、清晰性向对方提一些建议,但至于整体讲课是否有效,还要看真正课堂上的教学效果。(S31)

我觉得合作去准备一门课程的教学,更会让自己看到离成为一名汉语教师还有多远的距离,正如古人所说,"以人为镜,可以明得失",这里面,合作的人、指导的教师以及被教授的学生,都是你的"镜",映照出你身上的每一处发光点和阴影处。(S35)

有一句话叫"师傅领进门,修行在个人"。教师指导备课所付出的努力是相同的,但个人的悟性、努力、临场发挥却千差万别。我曾经疑惑的是,以单词讲授为例,既然教师给我们做示范时展示得那么详尽、优秀,为什么学生在上课时,还是相当的机械、并且依赖多媒体呢?上面这句谚语可能就说明了这一点。所以我觉得,要想成为一名好老师,不仅要观摩专家教师的课,还要将这些知识真正吸收内化,形成自己的思路。我觉得整个备课环节,对我来说影响最大、感悟最深的就是教师指导备课。这次教师指导教学,会让我受益终生。(S38)

4.1.3 对课后教学反思的重要性有了初步认识

与集体备课环节一样,许多职前教师对于课后教学反思的认识,也是通过本课程的学习与锻炼,对于反思什么与怎么反思有了初步认识。在齐老师制订的观课记录与本课程课后反思问题提纲的帮助下,职前教师初步了解了如何进行教学观摩反思,以及如何进行课后教学反思。对于对外汉语教师如何成为一名"反思性实践者"(王添淼2009),职前教师通过这两个课后作业的完成,有了较为切身的思考与体会。

在讲“adj. 得要命”的相关练习时，我告诉学生这种表达一般是用于不太好的、消极的情况，其实这是不对的。这一点其实我备课时并没有想到，只是当时在课堂上想到就提出来了，但是却犯了错，这也给了我一个教训：备课时没有准备到的、不确定的地方一定不要在课堂上随意提出来，以免误导学生。(S40)

对于备课，我之前只是觉得要把课本上的知识点揉碎弄懂，但是在这堂课中，经老师教导，我发现我们不仅仅是备课本的知识点，还要备学生，备课始终是为学生的习得服务的，我们要牢记这一点，让自己的备课更充分，更有针对性。最后，我们要上好第一堂课和每一堂课，让第一堂课足够吸引学生，引起学生的兴趣，也要把每一堂课讲好，让每一名学生在每一堂课中都能有所收获。(S42)

我以前认为好的汉语课堂就应该充满笑声，学生都沉浸于教学之中，对于学习感到快乐，但是通过几堂课的试讲与教学观摩，我发现每个老师都有不一样的教学风格与特点，能够让学生有所学习与进步的汉语课堂就是好课堂，有时课堂充满笑声并不一定代表学生就有所吸收，有时安静的课堂反而能让学生更专注于学习，因此我认为一个良好的学习环境必须依靠教师来打造，什么时候该收、什么时候该放，全看教师功力，然而这些也必须通过“教学实践”来慢慢摸索，也正是我现在最缺乏的。(S20)

上完本学期的课程之后，我认为汉语课堂更注重的是知识的学习和语言的训练，而不是方法和技巧，“以学生为中心”并不只是一句口号，而应该时刻运用到自己的教学实践中去，不要代替学生去思考和表达。(S19)

4.2 建立起浓厚的教学意识

崔希亮(2010)首次提出“教师、教材、教法”的三教问题，认为三教问题是语言教学的核心问题。通过“反思大纲框架”，我们了解到职前教师在这三个问题上都有了比较清晰的认知。

4.2.1　关于教师

教师是“三教”问题的核心，决策者和教师自身都应该关心教师的职业生涯发展问题(崔希亮 2010)。从教师角色的理论视角出发，职前教师的教学意识在“教师”层面反映最多。有不少同学谈到了对教师这一身份的理解，对教师本身的素质已经建立起非常明确的标准，并表现出成为高素质教师的强烈愿望。

一名好的对外汉语教师，不仅要有扎实的专业知识，熟练灵活的教学技能，还要有一种学科思想，需要明白如何对教学进行管理，保证学生学习有效进行。比如学生如何考试，如何管理学生的作业习惯、预习习惯、书写习惯，等等。语言课是一个靠积累细水长流的过程，所以我们不能寄希望于学生突然有大幅度提高，要对学生有足够的耐心。最重要的是，要有认真负责的态度，细致踏实的作风，有严谨的科研精神。虽然不是每一位老师都具备超凡的教学天赋，但是勤奋也能够弥补这一不足。(S38)

首先，教师应该有提高自己的专业素养的意识，这既包括对汉语本体的认识，还有对跨文化交际问题的注意。其次，要树立终身学习的观念，并努力提高自己的创新意识。所谓教无定法，在讲授的过程中不要过分墨守成规，也应注意教学方法的灵活性。最后，汉语教师还应当自尊自重，在面对外国学生时不必过分谦卑，保持好学生与老师之间的距离，树立作为教师的威信。(S43)

对外汉语教师是一项只有实践才能出真知的工作，很多看上去简单的教学理论和教学方法，只有真正应用在实践中才知道是不是这样。要想成为对外汉语专家型教师，不只需要充足的教学理论知识，还需要长年累月的教学经验的积累。对外汉语教师需要以学生为中心，但同时也需要对课堂全局把握。(S25)

要想有良好的教学效果，教师本人的知识结构起着至关重要的作用。从职前教师的反馈看，他们已经意识到教师必须练好基本功，教师的知识结构要通过良好的教学能力展示出来。

> 对外汉语教师除了需要拥有扎实的本体知识外，还应该及时发现学生偏误的原因，在快速识别出偏误的原因之后，能够快速地从正确的方向纠正学生的偏误，我觉得这方面的素质对于对外汉语教师来说是必不可少的。(S13)
>
> 对外汉语教师不仅要充分掌握汉语语法、语音等理论知识，还要用学生听得懂的媒介语深入浅出地给学生讲解这些知识点，这对对外汉语教师的个人综合素质要求很高，我还有很多需要学习的地方。(S33)

一些同学谈到了关于对外汉语教师角色以及对教师教学风格的理解。

> 本门课程结束后，更多的是加深了我对于“教师”一词的认识，当“教师”的理念和技巧，如何应对课堂上的突发的情况，如何组织教学，如何管理课堂，如何让课堂收放自如，这些原本在我脑海中完全没有概念的认识都通过本课程有了初步并且较为全面的认识。此外，汉语课堂教学上所采用的方法在实际操作中其实还是进行了“适应性”修改，变得更适合课程的特性。(S22)
>
> 课程结束之后，我对对外汉语教师这一角色有了一个新的认识，对外汉语教师需要成为一名“反思性实践者”。之前我只是知道教师需要具备哪些素质，但是不知道教师怎样去积累这些“素质”。汉语教师需要通过不断的反思来提升自己，让自己在意识到问题后进步，而不是原地踏步，这也是我通过本门课程得到的非常好的启示。
>
> 对外汉语教师队伍的构成十分多元化，我认为这与汉语国际教育的跨学科性质密不可分。单从我们这一级的汉语国际教育

硕士来看,大家的本科专业非常多元化,有英语专业的,有汉语言文学专业的,甚至还有财会类专业的,等等。相应地,这为汉语教师队伍增添了很多不一样的色彩,各位老师的个人教学风格也各有特色,这也是在汉语课堂中十分吸引学生的一点。(S39)

职前教师也常常会与自身状况相结合,对于新手教师应该注意的问题一般都带有一定的切身感受。

新手教师在调动课堂气氛上的能力良莠不齐,在一些新手教师上课的时候,很容易出现学生不积极配合,课堂气氛尴尬的情况,这引起了我的思考。我认为新手教师应该在调动课堂气氛上多努力,在备课时最好能想到一些能够调动气氛的词语或者活动。(S13)

有同学对教师的话语能力感受深刻。

我觉得课堂话语能力不佳是现今汉教硕学生的致命伤。课堂话语能力不佳将直接导致课堂教学效率低下,甚至会产生师生问题,这是基本功再怎么扎实也拯救不回来的。(S12)

学生在课堂上是学习的主体,教师必须了解学生并在教学中对每一位学生负责。

同样一批学生,在不同教师的课堂表现相差很大,教师在课堂带动方面作用很大。综合课上学生都比较活跃,反而口语课上学生比较沉默。两个老师一对比,我发现,除了要有能力讲好语言点之外,教师还需要(具备)调动课堂气氛的能力。(S36)

注意教师心态的调整,因为新手教师容易在课堂上紧张,以及教态,例如在学生讨论时应该巡视,在提问的时候要使用正确的教师手势,分组活动中应该接近学生并融入他们的讨论当中。还有一点我认为特别重要,即新手教师必须了解他所面对的学生,针对学生的特性进行备课,才能在课堂上更好地组织教学。(S14)

教师应当做到在对学生基本情况有所了解的基础上，有序高效地开展汉语教学。在组织教学活动时，需要考虑到每位同学的参与度，分组时不宜把水平都较高或较低的学生分在同一组。教师不应忽视课堂上的每一位学生，应创设机会或者通过点名等方式，让每一位学生参与到课堂中来。(S34)

教师对课堂的合理掌控是职前教师的难点之一，他们的反思有不少是围绕这个内容展开的。

课堂应该是学生的"主场"，教师主要起的是引导和辅助的作用，需要引导他们学习的方向，为他们随时解决问题，而这需要大量的课前准备和长期的教学积累。(S15)

教师要为学生搭好"脚手架"，创设一定的情境，让学生有话可说。(S32)

如何处理"以教师为主导，学生为主体之间的关系"，之前总是将"以教师为主导"放在备课的首位，觉得自己要把所有可能使用的知识点、词语全部帮学生准备好，让学生可以很简单地从其中挑选出来完成句子，这样的准备就超过了"脚手架"的要求，成了学生的拐杖甚至轮椅，应该大胆地放手，让学生说出自己想表达的句子，这样会让学生觉得更有挑战性，也更有课堂参与感。

当然，发挥学生的主动性，教师对课堂的掌控就会降低，会出现更多让人措手不及的问题，比如，学生会想用还没有学过的词表达自己的意思，会用英语询问，这个时候需要我们选择合适的汉语词汇，既要符合学生的原意，又要符合汉语语法和语用规则；学生出现偏误也要用最简单的方式纠正，尽量保留学生使用的语法和词汇，纠错之后学生还会问到两个词语的区别以及这个语法点为什么不能这样用等，有时也会超出我们的准备范围，这就需要我们在备课时尽量多准备一些学生可能有的问题，并且提高自身随机应变的能力。(S19)

教师面对的学习者更加多元化,他们来自不同的国家,身上烙着不同的文化印迹,拥有不同的学习动机。对国际汉语职前教师来说,如何更好地根据学习者的情况来开展课堂教学是很复杂的,因为我们在关注汉语学习者的同时,还需要关注自身的情况,如教师话语是否得体,教学进度是否正常,教学内容是否覆盖,等等。(S23)

除了宏观方面的问题之外,还有一些同学还很注意上课的细节。

我对齐老师说过的一句话印象非常深刻,她说教师在教室走动时一定要注意自己与学生的距离,把握好一个度,切忌离得太近。初次听到时,我觉得很妙,这句话讲的是空间距离层面上的师生关系,后来我回过头来仔细琢磨这句话,其实师生之间的情感关系又何尝不是如此呢?跟学生太疏远了,不利于良好师生关系的建立;跟学生关系太亲密了,又很容易失去教师的威严。这其中的度,需要我们每一个未来的教师去慢慢摸索。(S32)

4.2.2 关于教材

教材是课堂教学的主要依据,拥有一套合用的教材固然省力,而有了合用教材还需要合理运用,通过认真备课,搞清楚教学重点和难点,才能更好地发挥教材的作用。不少同学谈到他们对教材的理解以及自己所做的准备工作,基本涉及运用教材的每一个步骤。

首先是选教材。

选择一套好的教材十分重要,教材中的课文、生词讲解、句型、练习都是我们备课非常重要的材料,运用好教材可以让备课事半功倍。

对于课文和生词的处理要注意运用的语境和实际交际的场景,在教材和课本材料的基础上帮学生进行内容和思路的拓展,让学生在会话中学习课文,让学生运用自己的话描述课文,为成段表达奠定基础。(S19)

其次是通读教材、熟悉教材。

熟悉教材的整体结构。拿到一本教材时，要首先了解各个单元的编排逻辑及彼此有无关系，在实际教学中要做到前后呼应，及时总结与回顾，相关的内容也可以放一起介绍。(S44)

对于新手教师来说，熟悉教材自然是第一要务。不仅要熟悉本课的教材内容，还应该对整本教材的结构、设计理论、逻辑顺序都有所认识，这样才能更好地理解教材编者的意图，从而更好地使用教材。(S22)

S21 自己就是一名外国留学生，结合自己学习汉语的经历，他对教材做了更加认真的准备。

对于熟悉教材，这次试讲环节之前我其实是背好课文的，背了很多次，不过由于心里有点儿紧张的原因，上讲台试讲的时候，有些部分忘掉了，所以还是需要看着课本说。

因此，在他看来，熟悉教材是顺利上课最为重要的因素之一。

我认为可以分为两个部分展开，分别是钻研教学大纲和通读、精读上课教材。在"实战上课"的时候，齐老师专门提到过，我们的教案需要在通览教材的基础上进行设计，因为课与课之间的衔接是有编者的意图的。作为新手教师，我们要通过通读教材从整体上把握编者的意图，看看编者是如何体现教学大纲和教学设计的，编者主张采用哪种教学法，以及教材中词汇、语法点和功能项目等的安排，如果是系列教材，还要看主干课教材和分技能课的教材是如何配合的，其中有什么内在的联系。在通读教材的时候，我们新手教师还要特别注意哪些内容自己不太清楚，把它们记下来，想办法搞清楚，注意每课的体例和生词、语法、课文、练习的安排以及课与课的关系，做到所有内容都"了然于胸"。此外，在通读教材之后，我们还需要精读教材，对教材的全部内容，包括从语言要素的讲解到语言技能的训练，并且弄清学生学了之后应该学会什么、掌握什么和提高什么。

把备教材和备学生结合起来，了解教材中哪些内容是学生已知已会的，哪些内容是学生不知不会的。教师确定教学的重点和难点，更要考虑学生的实际情况，要根据学生的实际情况预见哪些内容可能是学生学习的难点。此外，教师一定要心里装着学生，了解学生的意识。(S23)

再次是备课环节之一——备教材，找到教学难点和重点，设计授课思路。

通过观课和反思，我认为新手教师在备课时不仅要备教材、备教法，还要备学生、备课堂策略。所谓“备教材”就是要对教材了熟于心，吃透教材内容，明确教学任务，弄清楚教学重难点。这次我们在试讲的时候使用的是《走进中国》这本教材，我发现准确把握教材的基本结构和指导思想并没有自己想象的那么简单，这就要求我们要肯钻研、肯下功夫、肯花力气。(S32)

备教材，首先教师要对教材做到熟记于心，不要求做到每一个字都记住，但一定不能忘记重点教学部分。然后就是对教材有一个自己的认识和理解，这样教学就可以从自己的角度出发。(S35)

读懂教材，厘清教学的重难点。教师需要在吃透教材的基础上，分清课堂教学的主次，并通过恰当的内容编排，一方面让学生理解本节课需要掌握的新知识，又能够有意识地对旧知识进行复现。(S43)

之前在看一些教学法方面的书，强调教学内容要有梯度，根据学生的水平进行选择，不要一次性全部教给学生，那么这种非核心用法我们是一定要讲解呢，还是等学生在接下来的学习中出现偏误了再讲解呢？如果一定要讲解，是直接说明用法，还是故意设置情境诱导学生产出错误的句子，然后讲解呢？我觉得这个问题应该分情况考虑，比如上述句式中，学生第一次接触这个语言点，先掌握核心用法即可，而且掌握“但是”完全可以满足的表达需求了，所以可以暂时不需要明确说明“可是”和“就是”的差别，以免增加学生的认知负荷。当然这个问题还需要和有经验的老师讨论后得出一个比较好的解决办法。(S16)

4.2.3 **教法**

2018年之后，本课程理论讲授阶段内容有些微调，齐老师专门加了一章“教学法的发展现状”。齐老师从历年期末教学评估中的开放式评语以及学生们在课堂上的反馈中了解到本科阶段教学法理论已经成为必备知识，所以传统的教学法理论就不再作为教学重点，而是重点介绍最新出现的教学法。

这一阶段我对什么是好的对外汉语课堂和对外汉语教师没有太明确的概念，只是头脑中模糊地记得专业课上学来的各种教学法，觉得把它们融合起来，各取所长是最好的。(S17)

课程开始之前，我觉得对外汉语教师需要运用各种不同的教学法，对外国学生进行反复的操练，需要自己准备大量的教学内容和练习内容，整个课堂像表演一样环环相扣，考虑更多的是教师如何运用教学法和教学技巧将语言点串联起来，认为让学生觉得有趣，有参与感就是好的对外汉语教学课堂。(S19)

原来真实的课堂跟课本上以前学的那些教学法有所不同。我认为自己应该要学会灵活运用各种教学法，具体情况具体分析，根据实际情况来开展教学活动，而不是被某一种方法所局限。(S32)

一些教学法的介绍给了我学术研究方面的思考。汉语和印欧语言有很多不同，那么在教学法上是不是也可以体现这种不同呢？毕竟现行的很多语言教学法都是印欧语国家以印欧语为教学内容发展出来的。这是需要思考的一个问题。(S37)

教学法要通过具体教学展现出来，教学法与教材又有着紧密的联系，可以说编者脑中的教学法对教材编写有着重要影响。但很多情况下，教材编写者并不会囿于某一种教学法而更倡导博采众长。课堂上使用的教学方法与教学法还是有所区别的。学生对此也有较多的思考。

以教学法为例，拿到一本教材，要学会去了解教材中的教学法。有的教材按照语言点的难易程度排列，整个课本偏向于让学生掌握句子的结构形式。而有的教材从功能和意念的角度编排，从语用角度出发。也有的教材兼顾了功能和结构。而教师很可能会在不同的场合使用不同的教材，教师只有对教学法有深刻的了解，才能正确使用教材，弥补教材中的不足。比如以学生为中心，那么无论是课前准备，还是课堂教学、教师语言，都要从学生现有的语言水平出发。(S38)

对外汉语教师需要具备的"本领"，或者说所选用的教学法更多、更灵活，两种课堂的整体氛围也有很大不同。英语课堂大多是填鸭式教学，课堂全程以老师为主，教师讲单词、讲语法、讲词组，学生则不停做笔记，不停接收来自教师的"知识点"输入。(S39)

同学们对文化体演法表现出很浓的兴趣。

较新的教学法，例如文化体演法、后方法时代教学法。这些教学法为我们如何展开教学提供了新的思路，例如文化体演法以故事作为语言学习的最小单位，帮学习者积累在目的语文化中做事所需要的技能，从"体验、体会、表演和练习"到"运用、实践"，这种方法一改传统课堂的做法，趣味性大大增强，有助于集中学生的注意力，从而提高语言水平。(S45)

对我来说最重要且有效的是教学法中"体演法"的介绍。该方法强调真实社会行为中的一系列语言。因此我在设计课堂活动的时候，考虑到了一些形式，比如辩论或者是游戏。但是最终敲定使用场景会话就是基于这一教学法。我在场景中设置了一些常见社会关系，顾客与售货员、男朋友女朋友、朋友等，并且设置了“打折”这一常见的话题。我认为在教授一些与日常生活息息相关的话题时，体演法是十分好的理论支撑。(S46)

4.3 汉语教学信念得以深化

教学信念反映的是教师对汉语教学的理解和认识，是对“是什么”“教什么”和“怎么教”等基本问题的思考和探索。李泉(2015)认为，宏观的教学信念影响着教师的教学设计、教学决策和教学实施，进而影响教学质量的高低和教学效益的多寡，同时也影响到教师的专业学习和专业发展趋向，影响教师知识、能力和素养体系的形成，是教师教育教学思想中的核心和灵魂。由此可见，教学信念是对教学行为在脑海中经过反思、锤炼、总结后的探索与思考。不仅包括对“教学实际是什么”的实然总结，更有对“教学应该怎么样”的应然愿景。正如 S38 所言：

汉语教学信念的建立是对于一些理论知识的学习后产生的结果，而一个汉语教师他的教学意识的建立，则是在实践与理论结合，不断互证中慢慢形成的。……我们这学期的课程就是先通过对各类理论的了解和学习，建立一定的汉语教学信念，然后又通过一个真实的汉语课堂教学(有留学生汉语学习者参与的)实践，让我们有机会实践这些教学信念，并在备课和讲课中慢慢形成一定的汉语教师意识。

同时，教学信念也进一步影响、指导着教学行为，使教学行为有据可依。在 S33 看来：

如果教学信念有问题，那么教师意识中的方方面面都可能会出现差错。另一方面，教师意识也反过来影响着教学信念，教师意识体现在教师教学的方方面面，如果教师没有在每个细节中落实、体现自己的教师意识，那么教学信念也就无从谈起。

具体而言，通过本课程学习与汉语课堂教学实践，学生主要从以下几方面树立与深化了教学信念。

首先，认识到对外汉语教学理念上的不完善。

通过课程的学习，职前教师对于汉语教学的追求，从一开始“怎么顺利地上完一节课”过渡到“如何上好一节课”，他们开始审视自己教学实践中的不足：是知识结构问题？教学技能问题？还是课堂管理问题？同学们还自觉将新手教师的教学意识、教学信念与专家型教师的教学信念进行对比，认为专家型教师的教学信念“已经不局限于知识和技能，更多的是通过对个人实践知识的构建，通过完善个人特点与风格的教学技能，达到一种满意的教学效果。教师不再是被动的个人发展，而是有意识的自我规划”(S38)。

由此可见，职前教师清晰地意识到要成为一名合格乃至优秀的对外汉语教师，是一个不断实践与探索的过程，S36 说：

> 我明白了成为一名汉语教师是一个不断学习的过程，没有人出场就是一个优秀的汉语教师，任何人都需要摸索和积累。

其次，实践中真正体会到“台上一分钟，台下十年功”。

S35 认为：

> 要上好一门课，不只是课堂上的 50 分钟，更多的是背后别人看不到的准备工作，你需要预设课堂上可能发生的所有情况，并想好解决方案，最好是同时有几个方案，以防突发情况。

以课堂上留学生座位安排的展示为例，是每节课都让留学生固定坐，还是定期交换座位？这是很多教师在课堂教学时会忽略的问题。又如，教学媒体的运用适度问题，怎么样对教学与学习效果是锦上添花、恰到好处？反之，怎样做会产生喧宾夺主、分散留学生注意力的不良后果？诸多问题都引起了职前教师的深入反思。

> 以前我觉得教师们的教学应该差不了多少，但上课后发现大家的教学理念、技能和水平差得很多，这些都直接体现在实践教学中。同时，我发现老师（指教师教育者）作为资深教师，在对语言点的解释、课堂操控、组织管理等方面比我们新手教师真的高出太多了，这让我看到一个教师从新手到资深有很长的路走，同时要付出热情和精力，才能有更强的洞察力和掌控力。（S31）

再次，切实体会到对外汉语教师与其他教师职业的不同之处。

虽然本课程一开始，齐老师就“提到我们这个学科与我们这个行业与普通面向国人的教育的不同之处，在这些不同之处之上，形成了有别于普遍教学信念的汉语教学信念”（S37），但是，在没进入课堂实践教学的教师角色之前，职前教师对这一问题的认识浮于表面。

> 在课程结束后，教师迎来的不是卸下重担的放松，而是一次又一次的反思，不然永远不会更完善。（S33）

总而言之，对汉语教师的角色定位，是将此工作与其他教师职业进行区分的关键。正如 S40 所言：

> 我认为首先是自我角色定位的意识，也就是要有自己是一名对外汉语教师的角色意识，不仅有教授语言知识的责任，也承担着传播中华文化的使命，有时甚至体现着国家和民族的形象。这就要求我们不仅要有语言教师的意识，也要有跨文化交际意识和建立良好教师形象的意识。

最后，对教学信念与教学意识的关系有了系统的梳理与整合。S13 认为：

> 汉语教学信念是形成汉语教师意识的基础，只有拥有坚定的教学信念才可能形成汉语教师意识。另外，汉语教师意识在新手教师的初期可能并不能形成深刻的意识，在新手教师看来，汉语教师意识可能只是一种形而上的想法，并不能在真实的课堂环境

中起到指导作用。另外，我认为汉语教师意识是由几部分组成的，主要有高度的教育责任心、亲和力、求实的教学态度以及良好的品格和心理素质，这些都是需要靠不断地磨炼与信念的支持才能养成的。

S45 比较了汉语教学信念与汉语教师意识：

有一定的重合，都涉及如何看待教师角色和师生关系等。汉语教学信念有助于形成教师意识，正确理解汉语教学的内涵能帮助我们更好地实践，将理论信念贯穿于实际教学中。教学是师生双向互动的过程，在教学中更好地理解师生关系和教师角色以及教师对课堂的把控等有助于培养教师意识。反过来，教师意识也有助于促进教学信念的调整或增强。在课堂上逐步形成的对教师身份的认知能促进对教学信念的进一步理解，从而更好地指导教学。

尽管教学信念与教学意识有时难以区分，但职前教师大多对二者的区别与联系有清晰的认识和较为深刻的分析，正如 S23 所总结的那样：

汉语教学信念深刻地影响着汉语教师意识的形成，有什么样的教学信念，就会产生什么样的教师意识。因为教师总是通过自身的教学实践不断进步、成长，汉语教师亦是如此，信念决定了自身意识的成型和发展。我们想要成为怎么样的老师，这一信念会促使我们形成、增强我们的教师意识。

第六章　教师教育课例模型指导课程改进

第一节　调整课程内容

1.1　强化教学知识，培养教学基本功

2018 年春季课程是语言学及应用语言学专业和汉语国际教育专业两个专业混合上课。课时数由每周 3 学时减为 2 学时，虽然上课周数仍然为 16 周，但总课时由 48 学时减为 32 学时。为了突出教师综合素质和教学基本功的训练，齐老师根据课程需要和教学反馈将教学大纲做了以下调整：

(1)减少一次“综合课教学原则与方法”，增加一次“汉语教师教学素质”。

(2)取消最后一次的研究性“口头报告”。一来是学生成分发生变化，学术型硕士和专业型硕士混合上课，而专业型硕士的教学目标不强调研究能力，因此不便安排这样的内容；二来学生们习惯于在假期中完成课程论文，如果在学期末就必须选好题目准备报告，写起来就十分仓促，效果有限。

为示区别，两个专业的学生最终的课程评价方式做了不同规定：专业型硕士学期结束后提交观课报告、备课资料和反思性报告，学术型硕士除此之外，要再撰写一篇与教学相关的课程报告。

2017 年课程结束时，齐老师将课程所授理论部分内容列出，请学生排序，大部分学生都将教学素质、教学方法、课堂话语能力等列在前

面，而将理论基础和主要原则列在最后，因为理论知识从其他课程或者文献阅读等多种渠道了解到了，他们最需要有用的、最有实战性效果的教学方法。据学生的反馈，2018 年春季，齐老师将课程大纲做了微调，突出了教学素质和教学意识，增加了技能课教学时间，具体安排如下：

表 1　2018 年春季课程计划

<table>
<tr><th>周数</th><th>日期</th><th>内容</th><th>备注</th></tr>
<tr><td>一</td><td>2.28</td><td>汉语教学的理论基础</td><td></td></tr>
<tr><td>二</td><td>3.7</td><td>汉语教学主要原则</td><td></td></tr>
<tr><td>三</td><td>3.14</td><td>汉语教师教学素质</td><td></td></tr>
<tr><td>四</td><td>3.21</td><td>汉语教师教学意识</td><td></td></tr>
<tr><td>五</td><td>3.28</td><td>综合课教学原则与方法</td><td rowspan="4">观课周
观课日志</td></tr>
<tr><td>六</td><td>4.4</td><td>技能课教学原则与方法 1</td></tr>
<tr><td>七</td><td>4.11</td><td>技能课教学原则与方法 2</td></tr>
<tr><td>八</td><td>4.18</td><td>教师课堂话语能力</td></tr>
<tr><td>九</td><td>4.25</td><td>教学计划设计及教案编写</td><td></td></tr>
<tr><td>十</td><td>5.2</td><td>放假停课</td><td></td></tr>
<tr><td colspan="4">集体备课、撰写教案/授课、教学日志/实践课堂点评、讨论/教学反思</td></tr>
<tr><td>十一</td><td>5.9</td><td>实践课堂 1</td><td>第一组</td></tr>
<tr><td>十二</td><td>5.16</td><td>实践课堂 2(其他老师代)</td><td>第二组</td></tr>
<tr><td>十三</td><td>5.23</td><td>实践课堂 3</td><td>第三组</td></tr>
<tr><td>十四</td><td>5.30</td><td>实践课堂 4</td><td>第四组</td></tr>
<tr><td>十五</td><td>6.6</td><td>实践课堂 5</td><td>第五组</td></tr>
<tr><td>十六</td><td>6.13</td><td>停课准备课程报告材料</td><td>因 5 次实践课都多了一小时</td></tr>
<tr><td>十七</td><td></td><td>复习、考试周</td><td></td></tr>
</table>

2019 年春季学期语言学及应用语言学专业停招，该课程教学对象

全部为汉语国际教育专业硕士，共 30 名，分为两个班，分别由两名老师授课。齐老师的班里人数为 16 人，她根据学生人数及构成情况，以及学生上一年度的课程反馈情况再次对教学计划做了微调，课程修改如下：

表 2　2019 年春季课程计划

周数	日期	内容	备注
一	2.20	汉语教学的理论基础	
二	2.27	汉语教学主要原则	
三	3.6	汉语教师教学素质	
四	3.13	汉语教师教学意识	
五	3.20	教学法发展现状	观课周 观课日志
六	3.27	综合课教学原则与方法	
七	4.3	词汇语法方面教学基本功	
八	4.10	技能课教学原则与方法	
九	4.17	教师课堂话语能力	
十	4.24	教学计划设计及教案编写	
集体备课、撰写教案/授课、教学日志/实践课堂点评、讨论/教学反思			
十一	5.1	放假停课	
十二	5.8	实践课堂 1	第一组
十三	5.15	实践课堂 2	第二组
十四	5.22	实践课堂 3	第三组
十五	5.29	实践课堂 4	第四组
十六	6.5	撰写课程反思报告 （停课自修）	因 4 次实践课都多了一小时
十七	6.10 起	复习、考试周	

我们可以看到，教学内容加强了动态性信息。增加“教学法发展现状”，使得学生对近年来的教学法发展状况有所了解，并能适当运用

于教学中;保留了"综合课教学原则与方法",而将"技能课教学原则与方法"减少1次,改为"词汇语法方面教学基本功",这是因为词汇和语法的教学是所有课型中都会遇到的内容,对于教师来说必须准确、有效地进行讲解和训练,对汉语国际教育专业的同学来说,教学基本功方面需要特别加以指导。这样的调整,利于学生对学科有较为深入的了解和认识,能够熟悉和准确把握教学内容和教学方法。

1.2　增加集体备课和教学反思报告环节

我们在2015年全程跟踪"对外汉语教学理论与实践"课程之后,构建了由五大环节构成的教师教育课例模型。这五大环节中一些内容并非都经过实践,而是根据模型规律得出的结论,如在课件准备环节中应该"集体备课与师生讨论结合",在教学反思环节中"学生课后反思并形成教学反思报告",在这两年的课程中并没有运用,是缺失的环节。作为一门高质量的教师教育课程,这又是必须改进的。完善这些环节,不仅有利于提高教师教育者的课程教学质量,而且在促进职前教师深化课程理解、强化教学意识、形成教学信念、培养专业能力方面起到重要调节作用。

由于需要进行充分思考和准备,2017年这两项内容都未能正式实施,但在课程内容上有所调整,教师教育者齐老师认为课堂上还应该培养学生进行口头学术报告的能力,而不是仅仅课后提交课程论文书面报告,因此安排最后一次课为学术报告专场,9名同学各自将自己选定的课程论文做提要介绍,每位同学15～20分钟,报告后师生进行点评。

2018年春季课程时,齐老师已经做好了充分的准备,将在授课过程中实施教师"指导集体备课"和学生撰写"反思报告"两项缺失的内容。不过该年度的教学对象和教学时间发生了较大变化。

首先是教学对象变化。齐老师班共计20人,6名语言学及应用语言学硕士研究生(其中1人为留学生),其余14人均为汉语国际教育硕士。其次是课时也有改变，由往年的3学时改为2学时，共计16周，32学时。由于班里人数较过去成倍增加，课堂实践仍然为5周，每组授课人数便由原来2人增至4人，每课分词汇、语法、课文、练习四个板块，每人分别完成一个板块。课堂实践继续招募留学生志愿者免费授课。由于教授留学生为2学时，之后必须马上进行点评，就只好每次额外增加1学时。为公平起见，齐老师把最后一周的授课时间停掉，改为让学生停课准备撰写课程报告材料，这样在教室的总课时为35学时，实际超过3学时。

因为每组同学所教课文不同，备课内容也有所差异，加上课时有限，齐老师每周提前为即将实践的四人小组进行单独备课指导约2个学时，不计入课时。要求四人小组在接受指导之前先共同讨论，形成文字教案，然后集体到齐老师研究室进行报告，齐老师在倾听小组计划之后，对教案提出建议和改进意见，并对上课步骤和过程“面授机宜”。

最后一周的教学反思环节，为了了解学生在哪些方面取得进步，作为职前教师是否已经做好了充分的职业准备，齐老师要求学生提交反思性报告。以教师认知、教学意识、教学信念作为内容框架，设置了11个题，让学生回答。反思性报告于课程结束后两周内提交。

1.3 促进内省和全面反思

反思性报告内容框架的11个问题，2018年和2019年基本一样，在表述上做了微调，具体如下（括号中为2019版问题）：

说明：反思性报告需要包含（但不限于）以下内容，有些内容可以结合在一起回答：

1. 你本科专业是什么？上这个课程前，有无课堂教学经验？如果有，是什么类型的课？［基本信息］

2. 本课程开始之前，你对对外汉语教师的认识是什么？对汉语课堂教学的认识是什么？课程结束时，有什么变化吗？［教学反思——教学意识］

3. 本课程理论部分，哪些内容具有较强的教学实践及学术研究的指导意义？请按重要程度排序。[理论储备]

4. 观课环节，你观摩过哪门课程？被观摩老师对你影响较大的方面是什么？你认为观摩什么汉语课堂(课型、级别)最有收获？[观课感悟]

5. 集体备课环节，你对学生集体备课的感受是什么？对教师指导备课的感受是什么？这个环节有无必要，为什么？(2019 年，最后一问换为“对学生合作学习有何看法与感受”)[教学准备]

6. 试讲环节，走上讲台前的感受是什么？最担心什么？对自己的试讲满意度如何？发现了自己的哪些优势和弱项？[教学体验]

7. 同侪点评与教师点评环节，你作为点评者和被点评者，看法与感受如何？有什么收获？你对学生合作学习的看法与感受是什么？(2019 年，最后一问调到了第 5 题后)[教学反思]

8. 试讲环节采用“实战上课”方式，你有什么感受？请与采用模拟教学方式进行对比。(2019 年改为：“实战上课”前后，你对学生的看法和认识有无改变？)[教学体验]

9. 在本课程的课堂上，你认为有哪些关键事件(正面的或反面的皆包括在内)，引起你对汉语课堂教学的触动或反思？(2019 年注明“至少举出三件”)[教学反思——具体事件]

10. 对于新手教师来说，需要着力从哪些方面对课堂教学进行准备？[教学反思——教学意识]

11. 这门课是否有助于建立汉语教学信念，并形成汉语教师意识？概述一下你对这二者的认识。[教学反思——教学信念]

每个问题后面的标记为教师教育者自己备注使用，注明问题的目的，发给学生的问题上不做标记。

我们抽取了第 5 题、第 7 题进行分析。

第 5 题实际上由多个问题组成：“集体备课环节，你对学生集体备课的感受是什么？对教师指导备课的感受是什么？这个环节有无必要，为什么？”由于实践环节是让学生先进行小组集体备课，然后再由教师对小组的备课成果给予指导，所以学生对集体备课的过程有着切身的体验，而对教师指导前后的效果也有着鲜明的感受。100%的同学都回答“集体备课和教师指导备课很有必要”。

第 7 题也是由多个问题组成的：“同侪点评与教师点评环节，你作为点评者和被点评者，看法与感受如何？有什么收获？你对学生合作学习的看法与感受是什么？”同侪点评与教师点评都是在学生讲课结束后马上进行的，先由学生提出评价和建议，再由教师进行全面分析，详细指出学生的优点和不足，对教学内容提出合理化建议。

第二节　教师指导备课促进教学意识改进

2.1　教师分别为小组指导备课

根据教师教育课例模型所增加的集体备课环节，经过认真设计、充分准备后于 2018 年正式实施。不过该年度班里学生的成分有所变化，学术型硕士人数在 2018 年减少至 5 人，所以和专业型硕士合并上课，班里人数增加到 20 人，过去由 2 人合上一次课的做法无法实现，齐老师便将每组人数增加到 4 人，共计 5 次。2019 年不再有学术型硕士，齐老师班全部为专业型硕士，共 16 人，课堂实践依旧为 4 人一组，共 4 次课。教材选用北京大学出版社短期系列教材《走进中国》的中级汉语口语中的四课。齐老师认为口语课比较容易上手，具有基本课型的共性特征，可以为其他课型打下基础，再承担其他课型就比较容易。《走进中国》系列教材专为短期项目设计，每课一般上两次，每次两节课，共 100 分钟。从容量来看，各个授课环节比较清晰，学生也比较容易把握。齐老师选了能够引起学生兴趣，学了就能用上的四课课文：“我吃什么都行”“我想要有中国特色的”“我想去云南旅行”“你是独生子女吗”。

如前所述，齐老师让同学们根据前面课程所讲理论内容以及课堂观课获得的感悟分组备课。齐老师希望了解学生们的教学意识建立情况，这些意识又如何体现在教学中，因此在学生小组备课前，除了强调每位同学明确区分教学板块外，其他并不过多干预。每组同学在正式上课前，带着备好的教案到齐老师处，每个人分别讲述准备如何设计课程，齐老师倾听之后会对学生前期工作进行充分肯定，然后再对他们的教案进行点拨和指导。学生们在经过齐老师“面授机宜”后再次备课。

每组授课内容不同，刚刚开始教课的新手教师往往会从最基础的设计做起，备课也会相当仔细。由于授课会连续几周进行，齐老师希望除了常规教学模式外，还能够指导学生在教学方法和教学技巧上有所调整和改变，体现出不同的教学风格，因此齐老师有意让每一组都有新意，让学生感受到教学多样性。她采用“信息差指导法”，即指导每一组学生在课堂上教法都与其他组有所不同，而其他组同学预先并不知晓，还以为是该组同学的创意。

齐老师主要在以下方面对学生进行指导：

(1)设计步骤按部就班，缺乏灵活性；

(2)平均用力，未能突出重点和难点；

(3)知识缺漏，基本功不足，讲解不准确；

(4)例句缺乏情境，距离生活较远；

(5)教学媒介使用过度，简单的事情复杂化；

(6)教学有效性不足，花了很多力气，但效果不好；

(7)教师语言不凝练，表达不清晰，有口头禅；

(8)教学对象意识不明确，时间观念不强；

(9)教学技巧需要提高，生词、语法、课文内容的呈现和练习方式过于单调；

(10)练习活动缺乏互动性；

(11)课堂吸引力和教学感染力有待加强。

2.2 展示教学的适应性和多样性

学生备课都是在学习理论性知识之后，通过观摩课堂或录像，按照备课程序进行的。常见的问题是缺少实战经验，担心准备不足反而导致过量，备课设计往往过于理想而实际授课时才发现操作性比较差。一位同学以其实际授课内容为例，谈到自己的小组在整体安排以及教学方法方面从教师指导备课中获益。

> 教师指导备课是让我们发现不足，继而进行反思的过程……比如在第二部分的课文讲解，我们原打算一开始以听课文选生词填空的方式进行，以为在生词讲解后，这对学生来说应该并不难。但在老师的指导下，我们才意识到这对于学生而言还是太难了。若真这样进行，教学效果恐怕无法实现。另外还有第三部分的语法讲解，我们原本注重于以课件图片的形式给学生提供语境，引导他们说出含有该语法的句子。听完老师的建议后，我们才发现这些练习过于机械，并且容易局限在师生一来一往的交流，所以老师也提供了不少的练习给我们参考，像发问题纸条的方式来进行生生练习，提出开放性问题各抒己见的同时又能说出该语法点，等等。如果没有教师指导备课的话，在各自准备之后无限循环排练，根本无法发现症结所在。另外，还有一个最大的收获是，老师的指导让我们知道了不要过分依赖课件。课件有很多方便的地方，但能脱离的时候就要脱离，因为人与人之间的交流才是最直接的，在课堂上也更能调动学生学习的积极性。

该组的另一位同学是处理语法环节的，教师对其在语法的讲解方式和例句的提供方面给出的建议让她感受很深。

> 教师指导备课的环节对我的帮助也很大，我还记得我讲的是语法点的部分，而我使用的方法也是大家最常用的图片法，虽然

这种方法很好用，但其实对于三个语法点的讲解都采用这种模式，我觉得不是很满意，太过机械。而老师也一眼看出我的想法，马上提供了很多更贴近学生生活的例子和讲解方式，老师说的一点让我印象很深刻，对我也很有帮助，就是不要过于使用 PPT。现在的教学好像变得离开 PPT 就不能了，其实创造一个情境，让学生自由发挥说话，他们的学习效果反而更好。教师指导的另一个我觉得很必要的是，教师知道哪些活动或例子更加有操作性，或是更加能激起学生的兴趣和讨论的欲望，让课堂气氛更佳。

在以上两位同学的描述中，我们发现在教学的适应性、多样性方面，教师指导发挥了重要作用。而在教学不应拘泥于课件、过于依赖 PPT 方面的指导，对于构建学生的课堂意识非常有帮助，能够较早地预防新手老师的通病。

2.3　选取教学重点并进行有效教学

多位同学都提到自己经验不足，存在对教学环节的设计、教学内容的把握不到位的问题，但教师指导备课解决了这些问题。

教师指导备课可以弥补在个人备课和集体备课中的不足，比如可以提示我们哪些内容是必须讲的，哪些是可以讲的，哪些作为补充和后备，帮助把课程内容的重要程度进行排序，让我们的课做到精准而充实；也可以以说课的形式直接为我们提供讲授的样例供我们参考。我们也可以就自己的困惑向老师提出，老师会给出自己专业的意见。整体来说，教师指导备课环节对我们备课质量的提高、课堂呈现的状态有非常大的帮助，因此非常必要。

该同学提到老师可以答疑解惑，另一位同学有同样的感受，并提到教师依据自身丰富的教学经验而对学生的备课内容进行取舍。

老师在听完我们的想法之后，给出了非常有指导性的意见，包括生词的新讲法、课文练习的新方法，跟学生同时扮演课文中的角色，增加了跟学生的互动。我觉得这是一个非常有必要的环节，因为两个小时的课四个人来上，我们中间可能有的人从来没有站在讲台上过，老师经验丰富，可以看出我们的想法中有哪些是明显不适合用在课堂上的，哪些语法点可以用更好的方式呈现，所以老师的指导对于我们来说是非常有必要的。

一位同学以非常具体的事例说明了老师对其小组备课内容的“瘦身”建议，同时还说明老师对一些语言现象的教学指导能够突出重点，而且非常有效。

在教师指导备课中，老师的建议帮助我们完善了自己的课程设计。作为新手教师，我们的课堂教学经验有限，会有一些想当然的想法，那么在老师的指导下我们可以对教学内容有一个比较好的控制。比如这次个人备课的时候，我想设计比较多的练习，而且开始的时候有点儿担心 3 个语法点讲不满 25 分钟，所以每个语法点都尽可能设计了 5 个左右的情境，最后还设计了一些补充句子的练习。老师指导的时候说内容需要“瘦身”，有点儿多，果然删减之后，实际教学时间刚好，如果按照之前的计划进行，应该讲不完的。另外教师指导备课，也可以给我们提供一些比较好的建议，厘清教学重难点。比如这次备课中老师提醒我要讲解一下“没的说”的语用原则，即一般不用来说自己，这点作为母语者可能习焉不察，但是汉语学习者可能并不知道。而且通过老师的指导也可以发现，在给留学生讲授语言知识的时候，要有对比分析的意识，另外也要注意显性的规则讲解，比如讲解关联词时主语的位置问题。

一位同学认真准备了大量的备课内容，当她充满信心地向老师展示时，也是同样并未得到老师的肯定，而被建议要删减。该同学很传神地写出了她从疑惑到实践到信服的过程。

而老师则以更丰富的经验、更宽广的视野指导我们备课。比如，老师提醒我准备的教学环节过于丰富，在有限的半个小时内无法完成，建议我删去一半的活动。当听到老师的建议时，我将信将疑，也有些沮丧，因为这意味着半数教学准备将付之东流。但最后的试讲实践证明老师是正确的：在删除了一半的教学环节后，我依然超时了。所以我认为教师的备课指导是非常有必要的，因为老师可以高屋建瓴地给予我们直接的教学指导，对提升我们的教学效果、教学能力也有很大帮助，对外国学生志愿者的学习更是负责的。

初上讲台的新人在备课时最常见的现象是面面俱到，有多多益善的想法，指导教师在适切性方面予以关注的话，将会帮助其把握核心内容，顺利完成每一个教学过程。由于教学经验的缺乏，学生的活动任务设计往往比较单一，以完成任务为最高目标，还达不到优质完成任务的高度，在活动的丰富性和有效性方面表现一般。一位同学也以具体例子说明了教师指导备课环节的必要性。

对于我们中的大部分人来说，教一个班的经验一般是没有或者比较少的，如果没有富有经验的老师的引导，可能最后上课的效果会与设想中相去甚远。比如我们之前的活动设计，想让学生扮演旅行社与顾客，旅行社根据顾客的需求提供旅行线路，老师给出的修改建议是两个旅行社竞争，互相说出自己的优势，由于有竞争，学生也会更加积极主动。老师给出的这个建议非常有效，不仅操作起来简单，后来在课堂上的运用效果也确实很不错。因此我认为，这个环节是十分必要的。

一位同学还对教师指导作用进行了进一步的提升，通过观察资深教师的做法，发现资深教师在多个方面都有值得学习的地方。

太喜欢老师指导备课的环节了。我们是第四组，老师给我们提了特别多的宝贵意见，很多新的课堂教学方法是我之前从未想过的，让我感到教学真的不是一成不变的，而是需要投入精力去思考怎样让教学通过方式的改变而更有效。这个环节特别有必要，也是在这个环节中我看到了老师作为资深教师，理念更多元，教学手段更多样，而且能更敏锐地观察到不同知识点的要义，更能预判课堂上可能出现的问题。

这是和资深教师对话、接受资深教师指导的好机会，我觉得对新手教师的帮助非常大。当然，这种指导应该是建立在我们已经有了初步想法的基础上的，像这样先向老师介绍我们的想法，然后老师再进行指导，对我们的想法进行批评修正，能促进我们更快成长。

结 语

“对外汉语教学理论与实践”作为国际汉语教师教育代表性课程之一，有独特的规律值得探索。本研究对北京大学该课程设置历史沿革进行了梳理，在第二语言教师教育相关理论指导下，历时 5 年对课程进行跟踪考察，获取了大量一手数据。在此基础上，构建起国际汉语教师教育课例模型并用于指导课程改进，改进之后的课程又进一步丰富了该模型的具体内容。作为以培养学生建立汉语教师教学信念、掌握良好的教学技能、胜任汉语国际教育教学并具有教学反思能力的实践性课程，比较完整地呈现了国际汉语教师教育课例模型中的各个环节和步骤。我们根据各个环节的具体内容和重要程度，最终将国际汉语教师教育课例模型调整如下：

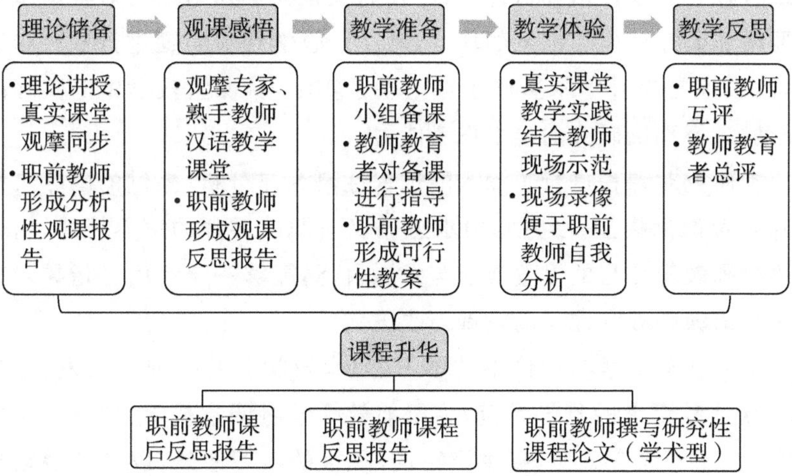

图 1　国际汉语教师教育者课例模型

调整后的模型中，在“教学准备”环节之下单列了“教师教育者对备课进行指导”，这个部分需要教师教育者对学生所做的备课材料进行针对性指导，提出改进建议，也是将教学理论用于指导实践，以及教师教育者将个人教学经验传授给职前教师的具体呈现。

为了更好地实现本课程主要目标，我们将“职前教师课后反思报告”从教学反思中提取出来。因为教学反思是指课程进行过程中的环节，与教学体验环节相续进行，重点在于对留学生授课情况进行反思，而“课后反思报告”则是在课程结束之后进行，重点在于对课程进行全面反思，建立及强化职前教师的教学信念。

这些环节会受到一定的条件制约，有的环节比较容易操作，有的环节则需要特别设计。如观摩课程，最佳的方式是学生进入课堂从头到尾观摩全部课程，观察教师、学习者、教学行为、学习行为以及课堂环境等，教学录像只能起到部分作用；在教学体验环节，最佳方式是给真正的留学生上课，同时有教师现场指导，而同学之间的模拟教学则无法对课堂情况进行处理，获得真正的教学感受。

这门课程既适合学术型硕士学习，也适合专业型硕士学习，但由于二者各有侧重性培养目标，因此我们主张在学期结束后对学术型硕士要增加研究性课程论文的环节，对汉语教学相关问题进行探讨和思考，以锻炼与提升学术型硕士理论联系实际、从课堂教学中的实际问题出发进行理论研究的学术思考能力。

本研究对课程进行了深入的过程性研究与分析，提供的国际汉语教师教育课例模型及路径，力求遵循汉语职前教师的培养规律，结合汉语教师教育课程的设置要求与发展目标，能够一定程度上指导未来国际汉语教师教育课程的发展与改进。

我们从教师学习理论中的学习愿景、教学研究等内容出发，分析认为教师教育者的指导示范，为职前教师学习课堂教学、加强评课反思意识、提升综合素质，提供了正向、积极的学习愿景，以及开展教学研究的具体路径与实用性方法。这样的学习过程，是教材与理论学习无法替代的。我们也借鉴了反思性教学理论的一些内容，从“学会学习”与“学会教学”的理论依据出发，详细阐释了在集体备课、实战教学、试讲点评、课后反思这一承前启后的课程学习过程中，学生的反思性教学能力不断提升，进而促使其汉语国际教学信念逐步萌芽、形成与初步发展。

一门课程的讲授过程，离不开课程主讲教师的组织与努力。因此，本研究充分关注作为本课程主导者、实施者、推动者的教师教育者，在探索国际汉语教师教育课例模型的形成过程中，通过课堂观察、课后访谈等方法，动态、全面、深入论述了汉语教师教育者的教学信念的发展过程，及其教学信念与课堂教学的关系，这在以注重课程设置本身以及课程学习者为主的前人研究中，并不多见。我们认为，从学科意识和专业发展的理解，到理论与实践关系的思考，到课程内容和方式的调整，再到对学生研究意识的促成和培养，既有宏观方面的把握，也有微观方面的设计，教师教育者通过上述教学信念的传递，使课程达到所设定的教学目标，与此同时，教师教育者自身的专业发展，同样值得关注与研究。

作为课程学习的主体——职前教师，是国际汉语教师的新生代与主力军。结合国际汉语职前教师的培养目标，我们重点分析了其汉语国际教学信念的构建过程，不但关注教学信念是什么，更关注教学信念是怎么来的，及其如何萌芽与发展的动态过程。研究发现，职前教师对汉语教师身份认知的变化过程，是一个应然—实然—应然的变化过程。职前教师带着对汉语教师“应当是什么样”的应然想法，走入语言课堂观课，通过观察教学经验丰富的熟手或者专家教师的授课，修正并完善了自己最初对汉语教师身份认知的实然看法。带着这样的看法，职前教师第一次走上讲台，在教学实践中亲身体验了实然的汉语教师“是什么样的”，发现自己的差距与不足，这种真实、具体的体验帮助促进其教学信念的形成与发展，强化了对外汉语教师身份的认知。

通过对教师教育者的教学信念与课堂教学的分析，我们看到教师学习理论与反思性教学理论在教师教育者职业发展中的印证与体现：在教授这门课程的五年时间里，作为教师教育者的齐老师，没有“以不变应万变”，遵循一成不变的教学内容与流程，而是不断在教学实践中反思与改进，根据学生的反馈，持续完善与改进课程设置的内容与讲授模式，并结合自己的科研经历进行理论思考，在教学实践的基础上，最终尝试构建国际汉语教师教育课例模型，提升了自身的科研水平。与此同时，齐老师自己作为教师教育者的教学能力——教学专长，在对本课程的反思性教学中也得到充分提升。由此可见，作为专家型教师的教师教育者，同样需要不断地“学会教学”与“学会学习”，在反思性教学中，有意识地将教师专业发展内化为自身职业生涯的应有之义。我们认为，教师学习是一个终身的过程。教师学习理论与反思性教学理论不但适用于职前教师，同样也适用于在职教师、教师教育者等处于不同职业生涯阶段的教师群体。

本研究聚焦一门国际汉语教师教育课程，对其流程与改进发展过程进行了长达五年的跟踪研究，体现了质性研究的典型性与深度。在今后的教学与研究工作中，应对更多相应课程进行类似深入的跟踪研究，以扩展研究的广度；并在国际汉语教师教育课程的教学中尝试运用本研究创制的模型，以推动国际汉语教师教育的不断发展。

参考文献

安桂清.国际比较视野下的课例研究:背景、现状与启示[J].教师教育研究,2014(02):83—89.

北京大学官网.新中国来华留学教育的发端:记“北京大学外国留学生中国语文专修班”. https://news.pku.edu.cn/xwzh/129-184068.htm.(访问日期:2019年1月20日)

陈　蓓.课例研究与教师数学学科教学知识(MPCK)的发展[J].数学教育学报,2016(04):74—78.

陈向明.质的研究方法与社会科学研究[M].北京:教育科学出版社,2000.

陈向明.教育改革中“课例研究”的方法论探讨[J].基础教育,2011(02):71—77.

陈　钰,吴勇毅.汉语作为第二语言/外语教学的研究方法趋势分析[J].国际汉语教育,2012(01):126—132+211—212.

崔希亮.汉语国际教育“三教”问题的核心与基础[J].世界汉语教学,2010(01):73—81.

邓惠明.教师教育者的教学实践示范探析[J].当代教师教育,2011(02):26—29.

丁安琪.关于汉语国际教育硕士专业课程设置的思考[J].国际汉语教育,2009(02):13—18.

高　晶.课例研究:语文教师话题PCK的提炼与改善[D].上海师范大学博士学位论文,2012.

高　翔,王　蔷.反思性教学:促进外语教师自身发展的有效途径[J].

外语教学,2003(02):87—90.
顾泠沅,王　洁.教师在教育行动中成长——以课例为载体的教师教育模式研究[J].全球教育展望,2003(01):44—49.
关彩萍.汉语国际教育硕士眼中的教师角色——基于隐喻分析法的研究[D].北京大学硕士学位论文,2013.
郭德俊,李　原.合作学习的理论与方法[J].高等师范教育研究,1994(03):43—47.
韩　刚,王　蓉.理解职前外语教师的"反思性实践"[J].外语教学理论与实践,2008(03):82—87.
黄广芳,何翘楚.教师隐喻研究综述[J].英语教师,2017(14):140—144.
黄　敏.国外教师教育者的专业化发展研究综述[J].外国教育研究,2012(12):72—80.
汲传波,刘芳芳.教师的教师:国际汉语教师教育者研究[J].国际汉语教育,2009(03)18—24.
蒋盛楠.美国威斯康星大学教师发展的有效途径——课例研究[J].外国教育研究,2012(10):106—112.
康晓伟.教师教育者:内涵、身份认同及其角色研究[J].教师教育研究,2012(01):13—17.
库　玛.全球化社会中的语言教师教育:"知""析""识""行"和"察"的模块模型[M].赵杨,付玲毓译.北京:北京大学出版社,2014.
李　泉.汉语国际教育硕士的教学信念和专业发展信念[J].云南师范大学学报(对外汉语教学与研究版),2015(03):1—8.
李晓琪.英美大学 TESOL 专业研究生课程设置考察与思考[J].汉语国际传播研究,2011(01):151—164.
李晓琪等.英语 日语 汉语第二语言教学学科研究[M].北京:中国大百科全书出版社,2002.
林小英.分析归纳法和连续比较法:质性研究的路径探析[J].北京大学教育评论,2015(01):16—39+188.

刘 路.国际汉语教师教育者的示范作用探析[J].现代语文(学术综合版),2016(11):148－152.

刘 路.质性方法在对外汉语教学研究中的具体运用反思——以《国际汉语教师教育者的示范作用探析》为例[J].现代语文(学术综合版),2017a(01):148－151.

刘 路.国际汉语教师教育课程与反思性教学能力的培养[J].教育与教学研究,2017b(06):69－73.

刘 路,刘元满.基于教学过程的职前汉语教师教育课程研究.海外华文教育,2017(10):1395－1403.

刘 珣.对外汉语教育学科专门人才的培养——兼谈"课程与教学论"硕士专业的建设[C]//世界汉语教学学会.第八届国际汉语教学讨论会论文选.2005:737－746.

刘元满.课堂教学观摩在师资培养中的目的与作用[C]//吴应辉,牟岭.汉语国际传播与国际汉语教学研究——第九届国际汉语教学学术研讨会论文集:下册.北京:中央民族大学出版社,2011:342－349.

刘元满.汉语第二语言教学研究领域与硕士课程设置研究——与英语、日语第二语言教学比较[J].国际汉语教育,2014(01):110－120＋204.

吕立杰.教师学习理论对教师教育课程的启示[J].教育发展研究,2010(22):59－63.

潘玉华.国际比较视野下的汉语教师标准与素质研究[D].中央民族大学博士学位论文,2015.

濮 实.外语教师教育课程与教师职业信念的发展[J].解放军外国语学院学报,2014(04):67－73＋128.

桑国元.教师作为学习者:教师学习研究的进展与趋势[J].首都师范大学学报(社会科学版),2017(01):142－148.

田 艳.基于英国 MTESOL 课程体系对汉语国际教育硕士课程设置的思考[J].世界汉语教学,2012,(02):276－288.

童 慧,杨彦军.基于"课例研究"的教师教学反思能力成长之研究[J].中国电化教育,2013(03):62—67.

王 芳,马云鹏."教师学习"研究的发展及其对职前教师教育的启示[J].外国教育研究,2010(04): 5—9+52.

王添淼.成为反思性实践者——由《国际汉语教师标准》引发的思考[J].语言教学与研究,2010(02):25—30.

王添淼.国际汉语教师专业发展模式的构建[J].国际汉语教育(中英文),2019(01):44—48.

吴英成.专题三:国际汉语教师培养课程与教材建设[C]//国家汉办、世界汉语教学学会.世界汉语教学学会通讯.2012(04):26—27.

吴中伟.汉语教师培训中本体知识和教学技能的互动——以"语法教学"培训课程为例[C]//世界汉语教学学会.第十一届国际汉语教学研讨会论文集.西安,2012:493—497.

熊川武.论反思性教学[J].教育研究,2002(07):12—17+27.

徐晶凝.基于反思型教师培养的 MTCSOL 课程设置理念[J].国际汉语教学研究,2019(02):25—30.

颜 奕.拓展学习理论视角下高校外语教师教育者教育专长案例研究[D].北京师范大学博士学位论文,2014.

颜 奕,罗少茜.外语教师教育者:概念意涵、研究现状与展望[J].中国外语教育,2015(03):36—44+108.

杨秀玉,孙启林.教师的教师:西方的教师教育者研究[J].外国教育研究,2007(10):6—11.

杨延宁.应用语言学研究的质性研究方法[M].北京:商务印书馆,2014.

杨彦军,童 慧.基于课例研究的教师知识协同建构模型及其实践效果研究[J].电化教育研究,2015(12):103—108.

易娜伊.社会文化理论视角下汉语国际教育硕士课程实施的个案研究[D].东北师范大学博士学位论文,2014.

张　飞,刘秀芳.实践取向下教师教育者的示范角色探究.中国劳动关系学院学报,2014(02):122－125.

张晓蕾.什么样的教师学习是有效的？——对西方学界三种教师学习理论及实践的思考[J].比较教育研究,2016(09):92－98.

张　英.汉语国际教育硕士课程与教学实践——以北京大学为例究[J].国际汉语教育,2012(01):10－15.

赵德成.教师成为研究者:基于课例研究的分析[J].教师教育研究,2014(01):75－80.

赵金铭.北语55岁啦！忆北语获批全国第一个对外汉语教学博士点前后.http://www.sohu.com/a/190796287_312708.(访问日期:2019年1月20日)

郑宝玉.学习力就是竞争力[M].北京:石油工业出版社,2012.

周　钧,罗剑平.西方"教师学习"研究述评[J].比较教育研究,2014(04):70－76.

朱永生.有关汉语国际教育硕士专业课程设置与教学实习的几点设想[J].云南师范大学学报(对外汉语教学与研究版),2007(06):14－15.

附录1　第一次访谈教师教育者提纲

时间:2015年4月13日

地点:教师教育者办公室

◆教学设计

1.课程题目的来源。(追问:理论教学与实践教学的含义、教学内容、二者关系)

2.实践性知识与理论性知识怎么教?

3.通过这门课,希望学生学到什么?

◆教学准备

1.备课的准备。

2.对学生的期待。

3.教学设计(讲授—观课—讲课)的初衷。

4.语言技能教学与语言要素教学的教学设计。

◆教学过程

1.第一次课让大家写拼音的目的。

2.给大家日本人教学的例子之目的。

3.课堂上举的大量例子,怎么来的?(追问:例子不同的展示方式之考虑)

4.对模仿表演留学生偏误的看法。

5.理论教学以讲为主的考虑是什么?

◆教学感受

1.对学生的期待。

2.上完课以后的心情。

3.看到学生评估之后的感受。

附录 2　第二次访谈教师教育者提纲

时间:2015 年 5 月 29 日

地点:教师教育者办公室

◆基于课堂观察的问题

1.学生试讲过程中,以纸条的形式给予指导和提示,这样做的考虑是什么?

2.在学生授课环节以后,您的“有效的指导”指什么?会打乱学生的节奏吗?

3.上理论讲授课时,您的体态语(手势)较多,意识到了吗?是有意为之吗?

4.学生先讲课再评课的环节,您希望他们可以学到什么?在这个过程中,您希望给他们什么示范作用?

◆关于示范作用

1.找留学生志愿者当学生,创造最接近真实情境的课堂,这样的想法是怎么来的?

2.除了 30 年的教学经验以外,您“例证自动化提取”的能力是怎么来的?

3.今年和去年比,上课的新东西有哪些?

4.请您对“学习力”的概念详加阐述。

5.您在课上谈到很多个人的教学与科研经历,用意是什么?想给学生什么影响和示范?

◆教师教育者的专业发展

1.作为一名教师教育者，应该给学生什么样的示范？应该有哪些方面的示范？

2.您对实践的理解是什么？就是讲课吗？

3.作为一名汉语教师，有别于其他二语教师，独有的能力应当是什么？

4.您认为好老师的个人魅力是什么？怎样可以练成这种让学生一直感念的个人魅力？

5.本课程不断变化的过程，促使您自己要做哪些方面的提高与促进？对您自己的收获与促进是什么？

附录3　第三次访谈教师教育者提纲

时间：2017年10月24日

地点：教师教育者办公室

1.今年的课程，与往年相比，在课程设置上有哪些提升与改进？为什么？（理论讲授环节、备课环节、科研小论文的写作与报告环节）

2.学生对于这些改进与提升的看法是什么？

3.本课程今年的教学评估如何？课程结束以后，您感觉还有没有可以改进的地方？

4.您希望学生通过学习本课程，在哪些方面有收获与提升？您希望本课程对学生未来的教学、研究有哪些影响？

5.作为教师教育者，经过一年的沉淀后再上此课程，对您的教师教育观念有哪些影响？

6.本课程的教学模式，您认为可以推广到哪些课程？为什么？

7.对于科研型硕士培养的课程设置，您认为应当如何优化，使之更有针对性？（理论性、科研性、实践性的关系应当如何处理与平衡）

附录 4　访谈研究生提纲

访谈时间:2015 年 6 月初

访谈地点:教育学院咖啡厅

◆基本信息

1. 本科专业。

2. 是否应届毕业?

3. 有没有过教学经验?

4. 学过什么学习教学的课程?如果学过,对自己学习教学的影响是什么?

◆是否感受到老师的示范角色或作用(我们先来谈谈理论讲授环节)

1. 教学理论的讲授和教学方法的讲授,你更希望听哪一种?感觉老师的这种讲授方式怎么样?你觉得理论环节的教学有没有可以改进的地方?理论部分与自己的实践关系如何?

2. 在理论讲解环节、观课环节和实践环节,你觉得老师的示范和指导作用分别在哪里?

3. 对课程你印象最深刻的地方是什么?为什么?对老师印象最深的话语或者事情是什么?你觉得学到了什么?对自己的成长?对自己学习教学?对自己教学?

4. 除了关于教学理论知识和学习教学的学习以外,你觉得有没有从老师和课程身上学到别的东西?如果有,是什么?你觉得上这门课,学到了哪些以前没有学过或者说是别的课学不到的东西?

5.自己上课前的准备？有没有有意识地把之前老师的理论教授联系和运用？有没有有意识地把观课的影响联系和运用？备课过程中遇到了什么问题或困难？希望得到什么指点与帮助？上课以前的心情如何？有没有信心上好自己上讲台的第一次课？

6.站在讲台上时面对留学生、观课的老师和同学，有什么感受？自己的教学计划和教学目标实现得如何？课堂是不是在你的掌控之中？和你预想和准备的一致吗？有哪些意外和突发事件？上完课以后心情怎么样？自己觉得讲得怎么样？（对有教学经历的学生）这一次上课和以前的教学有什么不同？

7.以前上过这种形式的课吗？和观看教学录像、模拟教学的比较，备课和上课对于你学习教学的作用？觉得这样的学习方式怎么样？上课对于你学习教学，有什么帮助？对于学习教学，学到了什么？

8.课后大家一起的反思评课，你被大家评论时，心情怎么样？对于你学习教学，学到了什么？哪些建议和意见对你的启发大？当你评论别人时，对于你学习教学，学到了什么？评课对于你学习教学，有什么帮助？对于学习教学，学到了什么？

9.对老师在评课环节表现的评价，在这个环节从老师身上学到哪些学习教学的内容和知识？

10.你对“上课—评课”的方式的整体评价和感受？你学到了哪些语言教学的知识？对于自己对老师的认识、课堂教学的认识有哪些提高？你的学习力由此提高了吗？反思教学的能力提高了吗？有什么提高？你的变化是什么？这个方式还有哪些可以改进的地方？

11.打算什么时候参加学院的教学实习？这门课上完以后，接下来对自己的教学实习有什么打算和期待？

附录5　教学反思环节中教师教育者总评课堂录音文本转写[①]

时间:2015 年 5 月 25 日,17:10—18:00

地点:第三教学楼 401

教学反思内容:《走进中国·中级汉语口语》(五次教学实践中的第三次)

试讲教师:两位研究生小美和小芳,均为化名。

文本处理:尽量忠实原文,做最小量清洗。由于是课堂对话记录,一些表达不合语法、啰唆重复,加上无法记录当时体态语、表情等情况,以及录音距离较远可能导致听不清等原因,故将字面意思不通之处、重复啰唆之语作些梳理,并将明显的赘词及口头禅等删去。

S1:讲到"准时"时,前面用了"准时起床",后面很自然地用了"准时睡觉",学生能够练这个句型,然后比较重视。还有就是跟读生词,生词例句学生没跟上,也没有进行处理;还有藏杯子的游戏,前面处理得很好,但是最后引导学生说出的那个设计感觉有点儿俗,有点儿浪费前面那个设计了。

齐老师:应该怎么讲?

S1:应该设计一个敏感的。

---

① 本研究对教师教育者及职前教师的访谈转写文字内容较多,由于篇幅所限,本文附录只选取了部分关键性访谈内容。

S2：我觉得如果让那个学生自己说可能更好一些，因为那个设计确实也是花心思的，也有一些教育学知识在里面。

齐老师：咱们今天改变一下评法，一个同学提到了某一个环节的时候，大家给一些补充。刚才说到了活动。

S1：小美那个设计是想让学生生成“亲眼”的，但是这个学生没有生成出来，我觉得老师可以引导一下，比如老师可以说“这句话我们可以这么说”，可能老师提醒一下会更好一些。

S2：我觉得这个问题也不仅是小美，很多新手老师都会出现这个问题，因为害怕学生的句子是在预期之外的，或者给自己的课堂教学带来混乱，怕学生达不到自己预期的句子的输出，所以就迫不及待地自己代替学生去说出这个句子，所以有的时候我觉得老师在教学过程中可能有些紧张，但是也有点儿辜负了自己准备的那么多情境，就是说没有用足。

齐老师：其实这个“亲眼”强调的不是别人看，是自己看，不只是说用自己的眼睛，如果用英文解释的话是 with one's own eyes，其实不只是解释，是我们看的，不是别人看的，它更强调这个不是别人看的，所以你要让这个学生说“你看到了吗”“对，对，对，我亲眼看到了”，你要是这么多问他一句的话，他就会说“亲眼”看到了……你特别强调那点，可能这个活动就能更有效。

S1：她的测验里面，一开始没有说要整句，后来又说要整句，说出整句才算是对的，这个前后不一致。

齐老师：就是那俩词组是吧？

S1：对，后面几个人又没说整句了。

齐老师：她说开始的时候没有用整句。

S2：最开始没有说明规则，比如说大家有的时候一起说，我觉得一开始动员首先举手，某某来回答，这样可能会更公平一些。再一个回答的时候，有时候一个同学说出答案，其他同学都没有说话，（应该）在一个同学说出来答案之后，老师再强调大家一起说一下可能效果更好。还有这个活动，我觉得大部分学生基本上都能回答出来，但是发音很多是有问题的，但是没有提。

齐老师：你关注到学生的这些错误了吗？

小美：他们错误比较明显的时候会关注。

齐老师：你觉得他们错误最大的问题是什么吗？

小美：声调的问题。

齐老师：对，声调的问题，而且有些同学有点儿严重，虽然说前面两拨已经纠正过了，那边有两个同学，是俄罗斯的还是哪儿的，三声发音是很差的，你只注意他的意思了，没有注意到声调，声调还是一定要让他改，还不能只告诉他声调应该这样，你替他说了，没有让他再重复(要让他纠正)，一定要落实到他身上。

小美：有的时候会这样，有时候他们错了，我重新说一下，他们不会立即给你反馈。

齐老师：你说了以后，你说"你再说一遍"，你指定他，给他一个示范，他再跟着你说。我这里记了几个词，就是"点心、品尝"这些词，他说得都不对，比如你应该说"点心"，你看着他，走到他跟前，用手势，你都不必说"请你说，点心"，手势这么一弄他就知道了，你看我们不需要说话，对不对？这个时候他就得说"点心"，你看这个手势，我们只要给他一个手势就可以，有的时候说"请你再说一遍"，有的时候你给他一个手势，等待他说，那么他就会说，就是我们纠错的时候不显山不露水，也可以纠正他。

小美：我有点儿担心学生单个纠错，他可能兴趣就(没了)。

齐老师：不是，纠错的时候其实是很简单，他这一个词错了以后，你说一个"品尝"，你看着他，然后点着，他自己说得很好就可以了，你不必说大家停下来，听我来纠音，不必那么多环节的，但是你要有这个意识，每个人都有意识，学生就意识到了。

S1：我觉得讲解有问题，讲到那个"看到"和"看到过"的时候，还是有明显的区别。例句是"今天天气很好，我看到很多同学在那儿玩儿"，如果是昨天的话，也可以用“看到”，不是“看到过”。还有板书。

齐老师：好，那你说说“看到过”和“看到”该怎么讲，我们现在不光要提问，这个是词，应该怎么说。

S1：我还没想。

S3：我觉得这个“看到过”不是一个“时”的问题，用“现在”“昨天”“今天”好像是一个“时”的范畴。

齐老师：……在强调经历的时候要用“过”，就跟“我吃过了”“我去过”是一样的，“我看到过”也是强调“看到了”这个结果，一个道理，“我看到过了”更强调的是经历的，经历的一定是过去的，不是过去和现在比的时候，也可以说“我今天上午看到过”，意思是强调一个经历，所以这个要讲到点上。

S2：老师，我还想补两个，感觉有点儿问题。一个是她讲报名的时候，我觉得她给的例子有问题，她说“报名补习班”，但是“报名”不是一个离合词吗？离合词不可以再加宾语的。

齐老师：你觉得“报名”这个词后面不能加宾语？那怎么改？

S2：“我想打太极拳，我今天去报名了”，她给一个正确的例子就行，其实不用讲它是离合词不能加宾语，或者要是愿意加，就给一个错误的，（告诉学生）“报名补习班”不对，不要这样说。

齐老师：你这个句子是练“补习班”还是练“报名”呢？如果是练“补习班”的，你就不能说去“打拳”，因为这个就不是重点了，“报名”好像是以前学过的词？

S2：她讲的是“报名”。

齐老师：好，又是“报名”，又是“补习班”，这两个又想放在一起，你就只能说“这个什么什么补习班你报名了吗”，你得告诉他“报名”后面不能有宾语，如果你要是有什么什么班，你得单独把它拿出来：“那儿有一个补习班，你报名了吗？”“我报名了。”如果一定要把这个“补习班”当宾语的话，那就是离合词的另外一种用法了，这要看你讲课的时间，还有学生的使用情况，其实离合词带宾语有几种变化方式，一般来说如果要带宾语，离合词常常会把第二个词剥落，然后第一个词讲明，所以"报名补习班"不能说，但是"报补习班"是可以说的，"我见面爸爸"不行，但是"我见爸爸"是可以说的，这是一种规则，如果你对这个离合词的理解特别熟悉的话，你也可能三言两语就讲清楚了，但是你如果不行的话，就干脆避开，这个"报名"后边不能有宾语，不能说"报名补习班"，要说"补习班报名"，这是一个准确性上的问题。

S2：还有一个，也是语法上不是特别恰当，是一个"挺什么什么的"，她直接在PPT上给了"挺什么什么的"等于"很＋形容词"，但是我觉得这个不是特别准确，"我很想念你"和"我挺想你的"这个不完全相同……

小美：我觉得在这个阶段没有必要跟他们讲区别，所以就说它们两个是相同的。

齐老师：如果没有区别为什么要有这两种说法呢？都说"很"就好了嘛……

小美：……（注：录音听不清）

齐老师：（问同学）你能说怎么讲吗？

S2：我觉得可以给学生两个语境，就像我刚才说的，"老师，我很想念您"，是一个很正常的；但是"老师我挺想你的"，这就很放松；"老师，好长时间没见，我挺想你的"，是那么一个很放松的状态。

小美：但是我觉得"很"是书面语。

齐老师：但你只是说书面语和口语的差别是不够的，"挺"的情感显示程度比较浓了，当然它是口语中常用的，但是有情感在里边，比如说"这个东西挺好的"，更多地体现出个人的感觉，"你这个东西很好"，"很好"是个一般的评价，但是"挺什么什么的"，个人的情绪就更浓一些，所以它可能不是简单的口语和书面语去比，这样讲的话他可能还不会使用，那么你要给他一个语境，比如说"我觉得这个旗袍很难看"，这个学生说"不是呀，我觉得挺好的"，"我觉得很好"和"我觉得挺好的"，哪一个更准确？肯定是"挺好的"，你要给他一个语境，让他能够说出来这个句子,必须是这个句子,不会是别的,这样我们就能看出来它的用法了。这当然也是一个长期积累的过程,“我觉得它挺好的”,个人的情感在里边,非常强调个人感受,而且程度很高。

S3:上个星期W老师在语言学课上讲的大家还记得吗?是标示一种意义的“句斥”,“我今天想去电影院,你想和我一起去电影院吗?——我挺累的”,就是我不想去。“那个旗袍不好看。——我觉得挺好看的”,就是我觉得好看,在交流当中表示对对方的一种否定。这是从语料库里得到的一个结论。

齐老师:不啊,有时候他自己也可以说“今天挺热的”,和谁句斥呀?

小美:但是那个语料库……

齐老师:我觉得他这么讲是可以的,但是你对学生说它是一个句斥的关系,还不如说这时候都是想表达自己的感觉:我不代表别人的,也不是一个一般评价,在我很想表明这是我个人的想法的时候,用的更多一些。有时候我们讲的时候要考虑,一个是学生的接收程度,还有一个是你马上要给例子,只能用“挺”或者用“很”,这样就容易了。还有,你解释的时候,可以用约等于什么,但是不能说跟这个是一样的,你看“可什么什么的”,比如说我们已经知道一个学生拳打得不错,大家就可以问问他打太极拳怎么样,三个月和一天比的话,三个月肯定是不错的,和“他打太极拳挺好的”一样吗?“可好了”,说的是我由衷佩服,由衷地认为这个程度是特高的,比“挺好的”要高。比如说“你们班里头谁唱歌唱得最好”,好像有人说过“我喜欢唱歌”“我喜欢跳舞”“我喜欢跑步”什么的,那我们就可以问“你跑步快吗”,他跑不快,比如说一千米跑多少,你可以再举几个例子来比,会有人跑得是最快的。有一种觉得人家在这方面特别棒,有这个感觉。给他们的例句一定是有原因的,用两可的这种语境来造句。

小美:……(注:录音听不清)

齐老师:不要说平常不对,这个话绝对不要说,你只能给正确的。

如果一个学生说错了，你给他说的时候还是一个不正确的，不要去学他，他本人判别不出来；他如果能判别出来就会说对了，还有别人听了以后本来是个对的，但(你给错句)到底哪个是对的？因为老师是代表正确的，所以你就要用正确的，不要去学他。

S1：板书那块没必要写那么高。

齐老师：那个没办法，正好赶上了拼音，得写在上头。

S3：有一句话PPT上面是有的，然后又带出来，这个就没有必要，可能她当时忘了，然后又带出来，感觉有点儿(不合适)。

齐老师：你当初是怎么想的，为什么？

小美：我当初知道PPT中有，希望学生能够重视一下，我们这一课一共学的，就一块把它弄进去了。

齐老师：今天你们两位的PPT都不讲究，重点没有标画出来，如果标画出来，比如说用色，是有些用的。有些在读句子、读课文的时候，还有展示的时候，有的有，有的是你单列出来的时候好像没有。但是在讲解过程之中，如果上边没有特别展示出来的话，你再单写出来也行，我觉得这个没有问题，只要让学生能注意到，PPT也好，黑板也好。

S4：有一个小问题，那里那句话是有什么用意吗？

小美：那个其实之前老师每次上课的时候给我们展示了，传统的举例列出来，所以我们就用了这个方法，我刚开始给它分了颜色，后来还是那个位置。……错开了，我记得我排的位置应该跟前面那个一样的吧。

齐老师：这个是可以的，是吧？

S4：对，我觉得这个挺好的，但是可能少一句话，就是他只是分类，但是学生可能没有意识到为什么，没有说。我觉得这些是名词。

小美：是，绿色和黄色是名词，但是绿色我是放到例题讲了。

齐老师：你跟学生说一下，这边是动词，说到这里，你可以说这个动词和哪些词(搭配)，“陈列”“演出”，还有“珍贵的文物”，其实你在练习之后可以适当地总结说明(22:47 听不清)。

小美:噢,对。

齐老师:这个你有规律,编排错开以后容易看还是什么考虑?这是练习的,是吗?

小美:这个是讲完生词以后再读,给出的生词和句子。

齐老师:你算是一个搭配,不是一个句子对吧?比如第三个,“陈列得很整齐”,如果你没有说一个什么东西,只说“陈列得很整齐”,假如这个“陈列”他不认识,没有掌握,“陈列得很整齐”对他来说就很难正确理解,所以这里这一块可以拿掉,给他一个完整的句子,或者让学生自己去说就可以了,或者你说这个句子不完整,(要求学生)说一个完整的句子。

小美:我是这样想的,但怕我给“陈列得很整齐”,没有给出一定的定量,补充前面的他可能有点儿困难,所以这块没有设计。

齐老师:你是有考虑的,好。

S5:我看 PPT 上课文里有“明天早上”,然后找“明早上”,学生念了好几遍,也没有纠正过。最后分组两人一组,没有管三个人那块。

齐老师:这是你说的,还有没有其他要补充的?

S4:我想从整体上说一下,小美特别好,特温柔,同学们很喜欢她,但是我感觉她的课堂控制力好像不够强,当时讲毕加索的画很有内涵,其实她想让学生跟读,但是学生没有跟读,结果她空了两秒钟,就自己去讲下一个了。这个时候如果想让学生读,完全可以说“跟我读,大点儿声”,但是她没有管学生,学生也没有读。我觉得有的时候她想让学生做一件事,但是没有给指令。

齐老师:贯穿不下去了。

S5:我觉得她的风格有点像 L 老师。

齐老师:比 L 老师还 L 老师。

S5:很亲切,下面学生坐着也没有压力,而且时刻都保持微笑,但是这样的话可能带来一个问题,就是对课堂的掌控缺少力度,我归纳一句话叫作“台前要交给学生,幕后一定要老师控制”。

S3:导演。

S5:对,就是说要完全控制住,包括跟学生说的话。

齐老师:嗯,让学生跟着自己行动。还有补充没有?

S4:我现在提的这几个,不知道是不是有问题,也不知道是不是优点,我自己写了一些问题:首先是复习环节,是从有中国特色的“旗袍”“脸谱”……然后转到“运动”上面,这个我觉得衔接得很好,但是有几个算不上课的内容,而且老师每次都会说“旗袍”“脸谱”,有点儿重复,我不知道学生的感受是什么样的,虽然考虑到语境的局限,但是每节课都复习这两个词,就觉得复习环节显得只有意设计了这么一个环节,具体里面的内容,究竟想让学生复习什么,都没有特别明显地体现出来,而且“旗袍”这个词是不是有点儿太无聊了,很多例句里面“旗袍”出现过太多太多次了,一会儿一个旗袍,感觉太多了,我觉得。

齐老师:其实这算不上一个错,但是我们可以适当地调整……比如说中国传统特色有很多,你在大街上随便看,有很多很好的词语,可以替换一下。可能对学生来讲又掌握了一个词,用旧词来上新课是很好的,但是有时候可能这个词学生都看滥了,你弄一个中山装也行啊,中山装也算是中国传统,男士的,也是可以的,或者再用点儿什么别的,包括手上戴的镯子,像那些工艺品可以多一点儿,我觉得这个可以调整,算不上是一个问题,但是如果一个学期的话,可能就要考虑了,不要个人风格太浓,个人的兴趣爱好太窄,太受局限,就显得这个人缺乏丰富性。

S2:还有刚才讲到“对什么感兴趣”这个句型的时候,她列出来“不大感兴趣”“很感兴趣”和“不感兴趣”,然后他把“不大”“很”和“不”,放在了“感兴趣”下面,我觉得这个地方稍微需要调整。这四个句型并列放在那儿,学生看上去有点儿不知道怎么回事。调整一下,或者是放在上面,有一个程度的加深,这样可能会稍微好一点儿。呈现的方式稍稍有点儿乱,内容有点儿太多了,可以用“……”去代替,这样让他们看起来容易。

小美：这句话是这样子的，课文当中出现是“对什么什么感兴趣”，还有“对什么什么不大感兴趣”，我后面的那两个加粗的蓝色，“不感兴趣”和“很感兴趣”是我补充的，补充的就是没有加粗，在后面又空了一行。

齐老师：我觉得也不必太拘泥于课文里的我就弄上，补充的就弄淡一点儿，你就是想弄一个程度也没关系，比如说“对什么什么感兴趣”，“很感兴趣”“不感兴趣”就是一个肯定一个否定了，还有就是“对什么什么有兴趣”“对什么没有兴趣”，这个有意图在里头，“有兴趣——没有兴趣”“很感兴趣——不感兴趣”，可以把它作为一组列出来，它是有规律的，但是像你刚才那样，我看着也是一堆在那里，一会儿是“一点儿”，一会儿是“很”，一会儿是……乱了，所以你 PPT 上出东西的时候一定得有设计，有考虑——这样做是有对应的，那样做是有一个程度的，或者有一个补充的，或者有均衡关系的。

S2：我补充一下“我对他感兴趣”这块的想法，我感觉这个地方设计得稍微有点儿松懈，交际性比较差，让学生拿一个词，比如“书法”，填到上面的一个句子里，“我对书法很感兴趣”，是不是可以设计一个交际性强的练习，比如说“我对书法很感兴趣”，再让他说一句“我每天都和同学一起练书法”，甚至给出一个上下文语境，变成一个对话的形式会不会好一点儿？

齐老师：说到这儿，我觉得两位同学今天有一个共同的问题就是交际性太差，机械性练习太多了，都是念，最多是一个填空后念，分组基本上就没有。后面的安排，包括前面有很多活动都是可以成组练习的，这个分组，不是一直要到最后要做一个交际性练习了才分组。我把小芳这个也提到前边来说，这两个练习，你在每一个词的后边都出了一个例示，然后再出一个句子，你是给语境然后让学生来做是吧？这样做也可以。你不必自己说课本怎么样，然后 A、B、C、D 一个一个地回答。可以问“你觉得我们的课本怎么样”，这儿有这么多的句子，后边有回答，我们就可以直接分好组，上课的时候不必非得他们两个人在一起，说“你们今天能不能调整一下，你们两个老在一起，今天换一下”，这个组就分好了。然后问学生觉得应该是什么，讨论一下。这样每个组的内容就不一样了。……所有组的活动，把那个句式用上就可以，然后他们自己创造性地活动，两个人讨论，是一个交际过程，在这个时候他们有思想的碰撞、语言的碰撞。

……小组活动是(在课堂上)一直可以贯彻的，甚至老师也可以参与到里边。小组活动不一定非得在最后那个交际性大练习上才做，前面这种小组活动可以随时做……这是一个类型的活动。今天两位同学表现出来的都是交际性的活动和练习相对来说不够，但是我们可以在有些活动上加进去。小美这个我总体感觉同学们张口时间太少，都是机械性地念和说，老师的控制很强，例句必须是我这个句子，没有让他们发挥自己的能力。我看这个学生坐在这里不说话……他不担心，因为在那个小组活动里他没有任务，会想“老师叫到我我就看看，我反正会念”，你看会不会造成这个错误？

还有，你这里处理成一个动词，是名词啊，这是一个“的”字结构，“你打的是太极拳吗”，这个结构是名词性的，意思是你打的这个动作，或者这一套东西是太极拳吗？这是个名词性“的”字结构，你没有讲出这个，你只是说这是一个“你”，然后是一个“打”，一个“的”，一个“是”，一个“太极拳”，这就需要有讲解的准确性。

还有一个“王明有没有参加比赛”这个话题，“你有没有吃饭”“你有没有去过”，大家可能已经都默认了，我们能理解，但我们是教师，“你有没有怎么”这个说法，普通话里是不说的，我们一般说“看过没有”“看没看过”，对不对？大家注意。

词语理解那个环节还是做得不错的，但是练得少，这是一个普遍的问题。本课的文化是一个重点，你要适当地展开，比如说太极拳，你顺便把中国的三大国粹讲一讲，三大国粹知道是什么吗？京剧、中国画、中医，因为这里面讲到中国特色的东西了，这属于知识储备，如果我们不知道就算了，但是做准备的时候，中国的三大国粹是非常有中国特色的东西，顺便把这个文化带进来。

这一课其实可以做得很活跃的，有太极拳。(可以)一开始进来就先放一个太极拳的视频，音乐响起来，学生进来坐下，看到缓缓地、慢慢地在打，一下就进到这个氛围里了。开始上课的时候，问“你们看这是在干什么？太极拳，你们都知道啊”，这个词开始就带上了，然后把录像停了，看看班上有谁会，“谁会打太极拳呀？你真的会吗？好，你能到前面给我们表演一下吗”，他要是还有点儿犹豫，但是你能看出来他是笑着，很想去前面的时候，你就说，“同学们咱们鼓鼓掌”，这个气氛马上就来了，然后打两下，我们就可以说太极拳是传统的中国特色，什么人打？肯定不是只有老人在打，要说明现在也有年轻人打，你看课文里面的一段。我们老师可以把课上得在不经意间很活跃地就把词带出来了，比按部就班一个一个顺着来要好得多。

再有，小美讲话方式，课堂上很多举例都是长句，我发现你特别爱加修饰语，定语长或者是状语长。我记了你几句话，比如说“我们一分钟后要做一个小小的测试了”“在这个小游戏中第一组的同学获得了五分”“刚才这个游戏你们组得了五分，你们组得了二分”，然后再评价一下。你要用他们能听懂的话，就是说一些代表性的指令语……你看这句话太长了是不是？可以反思一下。

好，小芳的试讲情况。谁先说？刚才共同的问题我们就可以少说一些。

S1：我觉得首先第一个特别明显，小芳让一个同学读的有点儿太多了，经常提问他，或者让他念句子，我觉得小芳最开始可能……(听不清)，然后可能怕他心理上有点儿什么，然后弥补一下，就感觉太多了。

小芳：我觉得我是尽量叫不同的同学，叫那个同学，可能就是上课的时候，能看出来他能回答这个问题。

齐老师：你是希望他回答了你的问题，然后你就放心了：我这个句子有人懂了。潜意识里或许有的。

S1：然后第二个问题，是一个整体的感觉，我觉得从小美到小芳，虽然感觉不同，但是到了小芳，从例句，还有扩展的内容，难度一下子提高得有点儿大了。

齐老师：跨度大？

S1：很多很多，从讲生词到例句，不管是例句的长度还是以前的那些词，感觉都有点儿跨度大，我觉得小美讲的可能学生的水平接受起来容易一些。讲生词的时候要注意一些问题，比如讲到"珍贵"，让学生自己去举一个例子，有一个同学举的例子是"珍贵的手表"，我有点儿疑惑，我个人认为他可能想表达的是"贵重的手表"，小芳没有立马反应过来是"贵重"和"珍贵"这两个词混淆了。还有"位置"，小芳问了两个问题，一个是常常坐在教室的什么位置，这个还比较好回答，但是第二个问题"你们宿舍在学校哪里"，反正我的第一感觉是有点儿像让我表达一个方位，比如说"在学校的西南是什么"，好像不仅仅是位置的问题了，有点儿像方位。

小芳：你们听我说一下位置，所以这个可能……(听不清)

S1：还有最后讲到"稍"的时候，在 PPT 上最后一行呈现了"稍稍"和"稍微"，这个如果真要辨析起来是很麻烦的，但是你提到我们要辨析，还好学生没有再问。

齐老师：不要辨析，这个课里没有要求辨析，一辨析就耗去时间，你只要把课文里头提到的这个"稍"，加上一个动词，比如说"请稍等""请稍坐一下"就可以了。说到这个"稍"，你不必跟"稍稍""稍微"去比，但是你可以用一些很具体的、跟学生生活非常密切的语境，比如说"今天热不热？——今天稍有点儿热"，形容词。比如说"在北京你觉得什么东西贵""你在食堂吃的东西有点儿咸或者是有点儿甜"，就是不好的，因为要求是不好的，不喜欢的，所以你这个时候说"稍有点儿甜""稍有点儿淡""稍有点儿大""稍有点儿什么"，这样一批词就练过去了，都是他平时生活中的事。比如说"我看你的头发稍有点儿长了，该剪了”“我看你的衣服稍有点儿大”。比如流行的、时髦的，看看他怎么回答。“哟，这个稍有点儿大，你为什么喜欢”“——我妈妈给我买的”，或者“——我觉得很时髦”什么的，跟他开个玩笑就过去了，所以这个“稍”一定和学生的生活紧密结合，而不只是机械地给他一些看似正确的，但是跟学生关系不太大的。应该尽量给学生一些看了以后特别有用，马上就想记下来说的，这样能抓住重点。

S2：我觉得课堂上她控制的、解释的话语稍微有点儿多，整个课堂感觉节奏有点儿快。可能她想问学生，但是难度确实有点儿超出学生的水平，有时候就自己回答了。这样的次数有点儿多，另外有一点可能她在解释每一个用法的时候，都有个比较专业的解释，“表示”什么……但是既然在PPT上，学生们就会看，去理解到底是什么意思，专业的解释对他们来说又有点儿难，我觉得这个其实可以（调整）。

齐老师：小芳可能自己讲着讲着也会觉得讲得真难，学生真的听懂了吗？因为怕学生听不懂，所以就自己念吧，念代替了练，都是在念的，学生念完了，你就说好，先过去了。

S2：“值不得”感觉是不是有点儿别扭。

齐老师：“值不得”其实咱们不这么说，都是“不值得”。

S3：我觉得这个“不值得”，好处有几个……

齐老师：你这个句子怎么讲？给例子就好，比如说两个人吵架分手了，为了什么呢？因为看电影。两个人本来挺好的，因为去看电影，一个人说我七点钟到，另一个人晚了五分钟，这个电影可能7:20开，两个人因为这个分手了。比如说女朋友给男朋友做饭，女朋友喜欢吃淡一点儿的，男朋友喜欢吃甜的，他说太淡了，（女朋友说）“那我就喜欢吃这样的”，两个人因为这个吵架而分手了。

小芳：这个情景会不会多？因为我刚才的句子给了这样的情景。

齐老师：不用那么多的，刚才例子太多了，给他一两个最有效的例子说清楚就行，你在这个理解的环节上花的时间太多了，其实有的时候他已经理解了，要去说去练，比如刚才我们说的，因为晚了五分钟两个人分手了，大家肯定会说不值得吧，那么我们就说“因为晚了五分钟就分手，太不值得了”，这是自然解释出来的，我们给了他（语境），他必须说到这个词，前面那个理解部分你给的太多，拘泥于教材，有时候教材多给是怕你不够，但是你自己要善用它，你觉得例子很好就用它，如果觉得有更好的句子，只要能理解……这个还在于我们，能够收放，这需要一些经验。但是理解环节，你只要拿课本上的东西往那儿放就没办法，讲得自己也受不了。（问大家）还有吗？

S2：“友谊 yí”读错了。

齐老师：应该是什么？

S2：应该是“友谊 yì”。

齐老师：念了 20 年了，其实有好些字我们都念白了不知道。

S1：“照片 piàn”。

齐老师：“照片”的“片 piàn”是对的，但是“片 piān 子”就是另外一个音了。口语咱们说“照片儿 piānr”，你说叫“照片 piàn”还是“照片 piān”？……北京人说“室 shǐ 内”，我有时候看到这个字的时候也会很小心，有些字改来改去，“确凿 záo”改成“确凿 zuò”，现在又改回“确凿 záo”了。还有“成绩”，我们小时候念“成绩 jì”，后来改成“成绩 jī”，再后来又改成“成绩 jì”。

S2：还有一个像“空穴来风”这样的词，以前可能只有少数人知道它的正确用法，大家都在用错误的用法。

齐老师：哪个是正确的？

S4：现在好像两个都对，现在第六版都改了。

齐老师：这些都要查字典。

S2：那组男生女生（老在一起），分组感觉不太和谐。

齐老师：对，这部分还是要考虑一下，不行下次你们就直接把这个组调开：今天咱们分组了，进来先拿条儿换，换到谁是谁。稍微调剂一下，让他们有更多交流的机会。

S5：我还有一项，小芳有时候提问，学生自我感觉回答得挺好，但是小芳会强行地纠正一下。问“文物有什么特点”，学生回答是“很久以前”，小芳就说是“历史很长”；“你常常坐在教室什么位置”，他说的是“常常坐在老师跟前”，然后小芳纠正“位置”这样的词，学生有时候会觉得自己说得挺对的，被老师纠正了，可能挺打击他的积极性的。

齐老师：说到这个“位置”，你问学生“你常常坐在教室的什么位置”，学生回答说“我常常坐在教室的中间”，你要先给他加一个坐在教室的中间位置，稍稍强调一下。再有就是“你常常坐在哪里？——我常常坐在第一排，坐在第一排的位置”，其实他只要已经有了一个方位词，后面那个“位置”是不要的。“你肯定坐在我旁边的位置”，你要想练的话，也可以玩儿一个小游戏，比如说有一个人，你让他坐过去，然后把他的东西放在一个同学的什么地方，然后跟大家说在哪里，问什么位置，在谁的旁边，在谁的前边、左边、右边，它在什么位置？这个时候的“位置”可以适当做一个小游戏来练。

说到词语，这一课相对来说，词语比较抽象。后面的解释，都是一些书面语加上英文的，再加上一些例句的，有些东西可能要调整，小芳这一部分耗的是心力。另外，词本身就难，但是你又带了一些词，比如说“精品”这个词，带“精品展”“精品课程”，“精品展”的“展”是不是新词？“精品课程”的“课程”是不是新词？这些都不容易，所以你干脆不要扩展，说“精品：这个东西特别好，非常美，很贵的，精品”（就行了）。

小芳：我觉得是对学生的水平和他对词汇的了解。

齐老师：只是为了让他理解这个词的话，他懂了就行，没必要扩展了，你一扩展，“精品”带出了“次品”，这样扩展就相当大了，一定不要蔓延，要围绕这个课的中心词语。他理解了就行。因为我们这个课是口语课，要挪出时间来应用这些词，所以在扩展上面要小心。

你替学生回答内容，问了一个问题，学生还没有说出来，你就答了。你们两位今天表现出来的就是对词句的控制，生怕学生说错。你得给他时间，让他去做，让他们对话，可能说出来的更有趣一些。时间也比较紧，比如说过课文的时候让学生在那儿念，但是他看了两个小时的PPT很累,课文你打在上面,今天(字)还比较大,还是可以的,但是我看这个屏幕一直在跳,眼睛看着很累,你可以利用课本,怎么讲呢?可以让大家一起读,读完之后再用听读的方式不看课文,适当地不要让他依赖于视觉,今天他们的东西太依赖视觉。老师说学生听、读,听读之后大家认了一遍,也听了一遍,还提了问题,问问题的时候不要让他看,除非他听不懂。听不懂的话,如果我本来没打这个问题,我就(马上)打出来,大家听完之后,问大家听的是什么,大家可能就会去复原,复原得可能不完整,也没关系,第二个问题又打出来,然后大家再来说,第三个问题又来说,你也不必说他们对还是不对,只说"刚才的回答我们不知道对不对,现在我们再来看一下"。

小芳:其实我设计的一样,我是这样做的,但是因为我看了学生今天的表现,我怕学生练一遍之后说不上来。

齐老师:你是让学生读课文。

小芳:我本来设计的是这样读的,先给问题,然后让学生带着问题,然后给课文。

齐老师:你没想啊,这个部分,如果学生没有看课文,你就让他记住问题,然后来听课文,这个会有效果吗?

小芳:我是让他带着问题去听,但是确实人物都出现了,情节也出现了。

齐老师:效果不好,他没有听全面。人们学外语的时候最难记的是人名、地名,你分了两个人王志峰和麦克,最多他对麦克有印象,王志峰他连念都念不顺,更不要说带着这个问题去记了。你这个问题应该后置而不要前置,所谓让学生带着问题,除非你是考试。如果是课文展示,最好先听完之后,你问一些问题,他可能回答50%,那我第二遍用其他的方式再听,回答80%,那就差不多了,然后我们再继续做。到最后,所有的练习都做了,我们再来过一遍课文,学生基本上都能把课文用模块的方式说出来,这就是一个展示课文的方式,我认为你这样提读、听读,听读之后讨论问题,先让他们讨论,而不要一个一个地回答，讨论的时候可能就会有错、有误，没关系学生会去看书，会去查，这个时候有互相的自助理解，不必老师管。自助理解，意思是如果学生不懂的话，小组里头就消解了，所以说这个小组活动是随时可以做的。总体上我觉得词语一定不要扩展得太多，今天你们讲的“陈列”“奖状”“陈列馆”“陈列柜”都出来了。一定要给学生机会说自己的句子。好，明天两位男士，要听学生的，我们看看怎么能让他们有更多说话的机会，而不是像今天这样比较沉默地在听，听讲，而不是在表达。你们也可以尝试，如果觉得内容太长，一天消化不了，可以就只要第一部分，围绕这个部分展开练习，我们的课文后边的练习有可能就要提前。我允许你们只讲第一部分，但是整体活动要安排一下。好，谢谢！

附录6　职前教师对教师教育者指导集体备课的反思

——课程升华环节职前教师课后反思报告汇总(2018年度)

反思问题:“集体备课环节,你对学生集体备课的感受是什么?对于教师指导备课的感受是什么?这个环节有无必要,为什么?”

S12:

我觉得备课环节是很有必要的。每组的四个人都负责了不同的部分,难免会对自己负责的部分特别熟悉,但是集体备课让我们更深入地了解每个教学的细节,而不只是局限在自己的内容。我想这个试讲环节的最终目的也是让我们能够完成一次完整的课,不同于一般的试讲,只是摘取其中一个片段进行讲解。所以,集体备课保证了每个组员参与一整课,从准备到实践。除此之外,在这个环节里,我们也可以以一个旁观者的视角去给其他部分的同学提出建议,避免出现“当局者迷”的情况。

在其他组员讲述他们的教学流程时,触发了我不少的思考,也提出了些许想法,有好有坏,但总归是思考、学习的过程。那一个多小时里,我知道了每个教学构成部分都不是平白无故出现的,都有它内在的教学目的。比如说我印象比较深刻的第一部分(生词讲解):用“打太极拳”作为开场一下子吸引了学生的注意,并且马上可以引入该课主题;用北京奥运会吉祥物(贝贝、晶晶、欢欢、迎迎、妮妮)引导学生说“他们的内涵是北京欢迎你”,再用其中的“歡”(“欢”的繁体字)引出下一个生词“简化”;等等。这些都是让教学衔接更顺畅的小巧思,我们也通过这个备课环节，深入了解了设计者的教学意图。

教师指导备课是让我们发现不足，继而进行反思的过程，对我们这群没有实战经验的教师而言是不可或缺的。我们备课很常见的一个问题是缺少实战经验而难以预测内容的操作性。我们是最后一组，但是我们不想直接照搬前面几组的套路，因而试图去寻求突破，但是否具有操作性往往被我们所忽略，所以这时候教师指导备课尤为关键。比如第二部分的课文讲解，我们原打算一开始以听课文选生词填空的方式进行，以为在生词讲解后，这对学生来说应该不难。但在老师的指导下，我们才意识到这对于学生而言还是太难了。若真这样进行，教学效果恐怕无法实现。另外还有第三部分的语法讲解，我们原本注重于以课件图片的形式给学生提供语境，引导他们说出含有该语法的句子。听完老师的建议后，我们才发现这些练习过于机械，并且容易局限在师生一来一往的交流，所以老师也提供了不少的练习给我们参考，像发问题纸条的方式来进行生生练习，提出开放性问题各抒己见的同时又能说出该语法点，等等。如果没有教师指导备课的话，在各自准备之后无限循环排练，根本无法发现症结所在。另外，还有一个最大的收获是，老师的指导让我们知道了不要过分依赖课件。课件有很多方便的地方，但能脱离的时候就要脱离，因为人与人之间的交流才是最直接的，在课堂上也更能调动学生学习的积极性。

S13：

学生的集体备课是缺乏经验的，这一点主要体现在课堂时间的分配上，我们组的同学进行备课时，就词汇讲解、语法讲解、课文串讲以及练习活动的时间产生了分歧。有的同学认为练习活动不应该占用25分钟的时间；有的同学认为词汇部分的生词很多，25分钟的时间远远不够。我们觉得，在两个50分钟的时间内讲完完整的一课是很难做到的。另外，学生集体备课时对于词汇的讲解时间、导入时间等也有很多疑惑。

在教师指导备课之后，我们对于之前的疑惑都有了满意的解答。

老师为我们搭建了大致的框架,并在一些可讲之点上给予了很多指导。我认为教师指导备课的环节很有必要,如果没有图纸就让我们去尝试建造一座房子,可能会有灾难性的后果,只有在老师的备课指导后,我们才能更好地进行真正的实践教学。

S14:

回想起我们四个人集体备课的时候,我们围坐在一张桌子旁按照我们上课的顺序将自己负责部分的想法都说了一遍,每个人在讲完自己的设计之后,四个人开始讨论可行性以及"头脑风暴"学生们可能会提出的问题,我们四个新手第一次把上课的想法过完的时候已经是深夜。在合作备课的过程中,我们可以共享资源并互相学习,共同思考出不同的活动方式,并模拟上课情况,进而商讨课程设计的细节,在这个合作学习的过程中我们互相鼓励、互相帮助,是一次很好的合作体验。我们将上课过程成型之后找老师指导备课,老师给我们提了不少建议,这对我有很大的帮助。我在生词部分的课程设计很大程度上是想一步步将课程往下推,学生的反应及一些补充并没有做周全的考虑,比如"亲眼"应该在配合"亲口""亲手"等词语进行教学等,但很遗憾在台上过于紧张忘记补充了,诸如此类。我认为教师指导备课是有必要的,因为新手教师在缺乏经验的情况下不能完全了解学生的课堂反应,也无法完全预测课堂中会出现的问题,这时候就需要有经验的老师对我们作出提示,个人在这个环节有很大收获。

S15:

我对集体备课环节最深刻的感受是,只有当在个人备课环节完成好自己的任务,进行充分的准备之后在集体备课环节才能有比较高的效率。个人备课解决前期的基础工作,集体备课环节把大家的成果集中整合起来,达到整体大于部分的效果。所以集体备课的成果是个人备课达不到的,可以集思广益,吸收大家的意见和建议,修正或者改进之前自己的想法,毕竟我们的试讲是一个集体合作的过程,需要我们几个人配合默契,准备充分才能有完整流畅的呈现,我觉得不同模块之间内容的衔接也是非常重要的，环节之间的重叠交叉和相互独立的内容是什么，需要我们在集体备课时做好演练和准备，这些只有在集体备课中才能达成。

教师指导备课非常必要，这是我对教师指导备课的最大感受，毕竟我们缺乏教学经验，对于很多环节的设计，很多教学内容的把握不是非常到位，教师指导备课克服了这些缺陷。教师指导备课可以弥补在个人备课和集体备课中的不足，比如可以提示我们哪些内容是必须讲的，哪些是可以讲的，哪些作为补充和后备，帮助我们把课程内容的重要程度进行排序，让我们的课做到精准而充实；也可以以说课的形式直接为我们提供讲授的样例供我们参考。我们也可以就自己的困惑向老师提出，老师会给出自己专业的意见。整体来说，教师指导备课环节对我们备课质量的提高、课堂呈现的状态有非常大的帮助，因此非常必要。

S16：

本次试讲是小组共同完成一课，我们先根据教学环节进行了简单的分工，讨论之后确定生词讲解、语法点讲解、课文讲解和练习四个部分，每位成员负责一部分，这次试讲我负责语法点讲解。接下来开始备课，主要包括个人备课、集体备课和老师指导备课三个环节。

在个人备课环节，虽然学生是临时招募来的，但我觉得还是要按照真实上课的方法来处理，因此我先确立了自己整体的教学思路——以旧带新、生活情境、精讲多练，主要的教学方法是先通过课文例句简单讲解用法，然后给出一些情境，让同学造句，在使用中体会用法，练习后再次总结用法，加深印象。具体操作时，我先翻看了前几课和本课的生词话题和语法点，因为我想把这些内容融入讲解中，营造一个学生比较熟悉的氛围，而且也可以起到复习的作用，体现教学的连贯性。比如设计“不是……而是……”的例句时，我选择了学习汉语的原因、旅游的方式等同学们比较熟悉或者之前学过的话题，当时还设计了一个去酒吧的原因的练习，因为我注意到第一节课上有一位韩国同学说喜欢和朋友一起去酒吧，然后大家的反应都比较活跃，所以想设计这样的一个练习，引导学生说出“我去酒吧不是喜欢喝酒，而是……”，在讨论中学会语法点的使用，但是那天上课的时候这个同学没有来，再加上时间有限，也就没有练习。另外由于本课涉及了品牌、专卖店、买衣服的话题，所以在“没的说”部分，我设计了不同品牌的展示，让同学们讨论为什么喜欢这些牌子，引导说出“衣服质量没的说”等句子。接下来是根据课本讲解和相关教学语法书对“没的说”“不是……而是……”以及“A 是 A，就是/但是/可是……”的语法知识进行汇总，选出它们的主要用法和重难点，确定教学内容，并根据每个用法设计例句和练习句子。另外在备课时我也预设了一些留学生可能出现的偏误和问题，比如“＊这条裙子好看是好看，就是款式没的说”，学生不知道使用“A 是 A，就是……”时，往往“A”是好的、让人满意的部分，“就是”后面接的是让人不太满意的部分。

在集体备课环节，首先是各自介绍一下自己的教学内容和教学安排，然后大家一起讨论。我觉得这个环节无论是在这次试讲中还是在真正的授课中都有一定的必要性。集体备课一方面可以开阔思路，比如我想设计这样的一个情景来练习某个语法点，但是一时想不出合适的例句，那么在集体备课的时候同组的其他成员就可以给我提供一些非常有帮助的建议；另一方面通过集体备课我们可以解决一些小的疑惑或者说检验一下语感（这样描述不知是否准确），发现自己没有注意到的问题，比如当时我们一起讨论可不可以说“水果专卖店”“文具专卖店”，通过讨论可以选择最典型的用例教给学生；另外由于我们组有留学生，因此在集体备课的时候，我们有时会询问这位同学他在学习汉语的时候是否觉得某个语法或词语很难理解。集体备课意味着一种共享，将不同环节的内容相互联系，环环相扣，不仅可以营造比较好的学习环境，同时通过复现促进复习。

在教师指导备课中，老师的建议帮助我们完善了自己的课程设计。作为新手教师，我们的课堂教学经验有限，会有一些想当然的想法，那么在老师的指导下我们可以对教学内容有一个比较好的控制。比如这次个人备课的时候，我想设计比较多的练习，而且开始的时候有点儿担心3个语法点讲不满25分钟，所以每个语法点都尽可能设计了5个左右的情境，最后还设计了一些补充句子的练习。老师指导的时候说内容需要“瘦身”，有点儿多，果然删减之后，实际教学时间刚好，如果按照之前的计划进行，应该讲不完的。另外教师指导备课，也可以给我们提供一些比较好的建议，厘清教学重难点。比如这次备课中老师提醒我要讲解一下“没的说”的语用原则，即一般不用来说自己，这点作为母语者可能习焉不察，但是汉语学习者可能并不知道。而且通过老师的指导也可以发现，在给留学生讲授语言知识的时候，要有对比分析的意识，另外也要注意显性的规则讲解，比如讲解关联词时主语的位置问题。

S17：

我很喜欢试讲前的集体备课与教师指导环节，我个人认为对于新手教师来说这是必不可少的环节。相比之下，我即将开始的暑期实习没有集体备课，没有教师指导，让我总感觉缺了些什么。

集体备课不仅仅是讨论分工或汇总演练，更重要的是大家会一起商量例句的选择是否合适，用词是否过难，语感是否出现了偏差，等等；也能够在类似“头脑风暴”的讨论中想出很好的例子和活动形式；还有一个作用就是统一前后内容，做到前后内容衔接，练习围绕所讲内容展开，每个老师使用的符号含义一致，某个语言点有很多用法时，教哪个不教哪个等都能在集体备课中统一起来。

我觉得在教师指导环节，老师像一位导演，我们则是演员，课本就是剧本，学生是观众。我们按照课本准备了我们的表演，但是第一次当演员有时不知道怎么发挥，有时又发挥得过头。我们小组在教师指导前其实已经相互试讲了一遍，但是老师这位导演显然对剧本的理解更到位，也更了解学生。以我自己为例，我负责生词部分，我基本是采用提问题和展示图片两种方法来讲解的。老师一下子就指出我设计的操练过多，并且利用的多是“远距离”的例子，没有很好地利用教室场景。我在教师指导后修改了我的教案，但是在试讲时我觉得自己还是有这两个问题，说明老师指出的问题的确是我习惯性的问题，需要在实践中逐渐改正。

S18：

这学期我修习了学院开设的“论文写作”“国别与地域文化”“汉语教材分析与编写”“汉语语言要素教学”“教师发展概论”以及“对外汉语教学理论与实践”课程，起初觉得“理论与实践”这一门课程非常麻烦，因为必须要完成教学观摩、教学试讲以及报告，需要花大量的时间与精力来做准备，但现在回过头来看，却是最值得投入的一门课程，收获也是最大的，很感谢齐老师的精心安排。

对于集体备课的安排，我觉得很好，也非常有帮助。第一，通过合作，可以缩短备课时间，资源可以共享，比如组内成员制作的字卡；第二，可以发现自己平常不会注意到的东西；第三，可以学习别人的优点，比如有的组员有自己的一套教学语言，有的组员很会制作教学PPT，就可以相互学习；第四，发现不足之处，可以一起想办法补足，比如板书差就一起想出使用贴字卡的方式来补足。所以我觉得集体备课，通过合作学习，收获颇丰。

而教师指导备课，一开始让我倍感压力，因为担心做得不好会遭受老师的批评，但老师实际上却是非常有耐心地指导我们，在我们有很多天马行空的想法时，明确点出问题所在，并协助我们解决，让我们的教学方案可以更加符合实际的课堂情况，同时也为我们建立信心，因此我认为通过专家型教师的指导，可以提醒新手教师认识到实际情况，修正自己的天马行空，并且发现漏洞或不足，让备课能够更加完整且实在。

S19：

学生集体备课非常有帮助，我们小组一起备课的时候不只讨论了生词和语法点应当如何呈现，还讨论了课文应当如何处理，小组活动应当如何设计，等等，在全部课程备完之后还进行了试讲，小组成员都在模拟的过程中发现了自己的问题，重新修正了自己准备的内容。在实际教学之前老师还对我们进行了指导，从一个经验丰富的优秀对外汉语教师的角度给我们提出了很多宝贵的建议，我认为这个部分是收获最大的部分，我对对外汉语课堂究竟应该有哪些环节、如何进行准备有了更深刻的理解和认识。老师提出的很多问题都值得我们思考，而且还给出了很多宝贵的建议，我认为这个部分非常有必要，尤其是对于我们这种没有经验的新手教师来说，非常需要老师的指导和点拨。

在备课的时候我们需要进行重点准备的主要有三个方面。一是汉语语言本体知识，最基本的是教师的发音要保证是标准的普通话，课堂用语要注意使用正确的典范的现代汉语语法。授课内容要准备语法点使用方法、词语搭配（搭配频率）、语用功能、近义词辨析等，除了在课上直接讲授之外，还要尽量提前多准备一些，以应对学生在课堂上可能提出来的问题。汉语本体知识是我们教学的内容，也是最应当着重去准备的，有些老师的课堂可能很活跃很开心，但是语言知识漏洞百出，学生学完之后没有真正的提高，这又本末倒置了。二是了解学生情况，学生的数量、年龄、性别、国籍、汉语水平、文化背景、认知风格、学习策略等，对于学生学习汉语的目的也要了解，这样才能有针对性地进行教学内容和教学方法的选择，课堂活动也要适应学生的认知风格和学习需求，在提问的时候要关注每一个学生，如果水平差异比较大的话，要给学生设计不同难度的问题。最后是课堂具体内容的准备，有哪些生词是需要重点讲解和操练的，每个词的高频搭配需要根据语料库检索，重点词语的近义词辨析，语法点使用情况和语用功能；教材给出的课文如何处理，如何进行理解性提问，如何设置开放性问答和任务型话题；如何设计机械性操练、有意义的练习和交际性练习，等等。

S20：

我认为集体备课和教师指导备课的环节都是非常必要的。虽然一开始我对集体备课没有太多的感受，可能由于我自身比较习惯于独立思考和完成一件事情，比较少询问他人的意见，觉得人太多反而意见难以统一，所以我想四个人各负责一个环节，那就各做各的就好。但这次在准备的过程中，我们四个人一起坐下来，从生词、语法、课文到练习，一个一个环节梳理下来，每个部分每个人都参与到，都提出自己的建议，A 觉得可以设计什么样的活动，B 觉得可以用什么例子讲解更好，每个人都贡献一点儿，突然就觉得，自己好像也更熟悉一堂完整的课的流程了，而不是只局限在自己小小的一部分，最重要的是，有时往往需要其他人以一个学生的视角，来发现自己设计的教学的缺点，这也就是我觉得集体备课对新手教师来说很有必要的原因。另外，大家集思广益，提出的各种各样的活动，让整堂课更加丰富多样，不至于太规矩而死气沉沉，而且，前面设计过的知识点或活动，也可以让别人有意无意地提及，有所连接，对学生来说也是很好的复现方式。

教师指导备课的环节对我的帮助也很大，我还记得我讲的是语法点的部分，而我使用的方法也是大家最常用的图片法，虽然这种方法很好用，但其实对于三个语法点的讲解都采用这种模式，我觉得不是很满意，太过机械。而老师也一眼看出我的想法，马上提供了很多更贴近学生生活的例子和讲解方式，老师说的一点让我印象很深刻，对我也很有帮助，就是不要过于使用 PPT。现在的教学好像变得离开 PPT 就不能了，其实创造一个情境，让学生自由发挥说话，他们的学习效果反而更好。教师指导的另一个我觉得很必要的是，教师知道哪些活动或例子更加有操作性，或是更加能激起学生的兴趣和讨论的欲望，让课堂气氛更佳。

S21：

备课的时候，由于从来没有教学经验，所以完全不知道应该从哪里入手，心里非常不安。于是先从模仿前面两个小组的讲课方式开始，然后和小组同学一起讨论，调整一些内容。

对于教师指导的感受，首先是老师对我们的指导非常具体而且详细，有很多我们没有意识到的部分，所以感受到熟手教师对问题的意识和敏感度。除了对讲课的指导以外，老师还跟我单独说了不要太紧张，这种心理方面的指导对我的帮助最大。老师还说做老师有时候需要幽默感，关于教师的幽默感，前面的部分也说到过，我在上这门课的过程中从老师的身上经常感受到老师所说的幽默感是什么，也感受到这种幽默感的重要性，所以这也是备课环节以及本课程总体很大的收获之一。

S22：

大家集体备课的时候，互相之间讨论很热烈，也有很多启发。但问题在于大家都比较缺乏实际的教学经验和相应扎实的理论基础，有一些想法想得很好实际上却是没有实施的可能性的。而这一问题的解决就正好体现了教师指导备课的优势所在。首先，齐老师是一位很乐意了解学生奇奇怪怪想法的老师，同时她又可以根据学生的想法，在不完全推翻的基础上给出更有可行性的实际操作方法。此外，教师的丰富经验也帮助我们正确去评估了学生的语言水平，预测学生的学习难点和课程教授过程中可能出现的问题。我认为这个环节十分有必要，原因在于，第一，我们的教学实践经验十分缺乏，是需要专家型教师给予指导的，而专家型教师的指导会让我们获得更有针对性的提高；第二，集体备课可以让我们在同水平中交流，同学之间互相分享看法，更容易看到我们的共性，也可以看到自身和别人的差异；第三，一次优秀的课程是需要不停修改和打磨的，集体备课的过程也可以看作是磨课的一部分，同时大家在讨论时，对于汉语本体知识等理论知识的理解也更加深入。

S23：

集体备课让我感受到了教师之间合作的重要性。我的课堂教学经验几乎为零，所以集体备课环节给我提供了一个向其他同学学习的机会，她们三个在课堂教学方面给了我很多的启发。上课之前，我在她们面前进行了试讲，她们对我存在的问题提出了一些意见，比如教师话语方面，哪些话比较啰唆，哪些话是可以省略的，老师要尽量把开口的时间留给学生；在讲解生词的时候，她们建议我可以用情境法和图示法向学生解释一些含义较为抽象的词语，并且所选例句需要简洁又有代表性。通过集体备课，我也改变了自己的心态，从非常焦虑过渡到适当焦虑，让我相信自己的备课是有效的。除此之外，通过集体备课，我也想去探求教师共同体的发展和存在价值，尤其是国际汉语职前教师共同体的存在，因为我深深地感受到教师之间的合作对一个教师的成长起到了非常重要的作用，这种作用不仅体现在教师教学水平的提高，也体现在教师心态的调整上。

教师指导备课环节太有必要了！与老师进行的交流给了我很多启发。老师对课堂环节的设计随手拈来，对我们苦恼的如何开展课堂互动的问题也给予了点拨。但是最重要的一点是此次的教师指导备课环节改变了我的偏见，以前我以为课堂的"有趣性"只是课堂的附加，靠几个游戏环节撑起来，课堂的风格实质上不会有太大的变化，但是教师指导备课之后，我才发现原来语言课课堂真的可以做到"生动有趣"，这是需要花费老师的心思和精力的，所以老师"一切以学生为中心"的教师态度真的很让我钦佩。记得老师对我们说过一句话："学生都上了三周的课了，对之前的教学方式可能感到了疲倦，作为汉语教师，我们需要思考如何改变或者创新教学方式，让学生继续拥有学习的兴趣和动力。"老师对学生的这种尽力尽责的态度，是我需要秉承和坚守的。作为一名国际汉语教师，我也希望自己能拥有让学生学得快乐的能力。

S24：

在走上讲台前，我最大的感受是对未知的担心。本来由于本科专业原因，我对对外汉语课堂就不熟悉，而且我们是第一组进行试讲，对志愿学生的水平、背景、兴趣点完全不了解。备课内容是否贴合实际，能否引起学生学习兴趣，能否恰如其分地运用课堂时间，能否吸引学生留下来继续学习，等等，我都非常担心。而最担心的莫过于备课内容是否能吸引学生、是否能比较好地掌控课堂流程这两个问题。因为我负责的是课文梳理部分，准备的内容是课文朗读与复述，内容集中单一，如何把这部分内容处理得不那么枯燥，是我一直在考虑的问题。同时由于缺少实战经验，我怕自己无法很好地处理教学过程中的突发状况，如学生肆意发散思维、备课内容过多或过少等。还好在试讲前，我们进行了学生集体备课和教师指导备课。对于我这样的新手来说，这两个环节都十分重要且有帮助。

在学生集体备课中，大家可以博采众长，通过“头脑风暴”，从不同角度对同一个知识点提供不同的讲解方法；可以虚构一个课堂环境，让一个同学模拟教学，其他同学充当二语学习者，测试不同方法所引起的反应，从而帮助我们选择相对较好的一个。这一环节使我们能够推测将来课堂上可能发生的情节，并预先准备应对方法，从而增强我们管理、组织课堂教学的信心。

教师指导备课给我们提供了更大的帮助，毕竟老师的经验非常丰富。如果说，学生集体备课中所提出的课堂情景的设想是基于学习经验的想象和推测，那老师提出的师生互动方式则是基于教学经验的整理总结。面对我们的疑问，老师能够提供更加贴近现实的处理方法和技巧，也能为讲授内容提供更加贴近课堂的情景。同时老师的指导备课事无巨细，既有整体筹划，为我们说明学生和教材的特点、课程目标等；也有细节着力，为我们提供更准确的语法点语境、课件图片等。老师的指导极大地增强了我们授课的信心。

S25：

(1)学生集体备课之我的感受：我对学生集体备课的感受有两点：

a. 学生集体备课实际上就是我们个人的备课过程，因为我们把一堂课分为了“词汇”“语法”“课堂”和“训练”，所以我个人觉得在备课过程中，我们并没有在集体备课，而是各自准备各自的内容。

b. 学生集体备课过程中，我观察到我们小组，包括其他小组都用了很多时间来准备。这个环节的存在，让我们自己会主动去看一些相关文献、教学视频，再结合之前小组的教学展示来对自己要做什么工作进行真正的思考。通过这个环节，我真正去思考了怎么把老师上课讲的理论运用到实践，尽管很多想法都是初步的，但是我认为这个环节促使每一个同学真正去思考应如何教学。

(2)教师指导备课之我的感受：我认为教师指导备课是本门课程对我帮助最大的一部分。原因如下：

a.通过齐老师的指导，我学到了很多促进教学的方法。第一，词汇教学可以不仅仅是简单的操练，也可以采取问答的形式，先让学生学习各个词语的意思，然后老师通过描述该词语让学生来抢答词语。我认为这样的方法可以在学生习惯了老师教学方式，感到有些疲劳的时候运用。根据学生的学习动机变化情况，适当改变教学的方式方法。第二，语法的讲解不应该是让学生"造句"，而应该给出情境，让学生"有话可说"。在学习这门课程前，我觉得语法教学就是教师先讲解这个语法点的意思，然后让学生用这个语法点进行造句。但是通过"教师指导备课"，我明白了语法点的教学不应该是这么生硬的，相反，每一个语法点都应该给出情境，自然而然地引出这个语法点。例如，我们小组的语法点包括"顾不上"，老师应该给出情境，例如，"小王每天工作特别忙，没有时间休息"，这样才能引导学生说出"顾不上吃饭"。如果只是描述一个单独的语法点，而不给出情境，会显得很生硬。例如，"我顾不上吃饭""我顾不上睡觉"这样的句子，没有合适的情境，不能起到真正的教学效果。第三，操练部分的练习应该是故事性的练习。在找老师进行"备课指导"前，我想不到特别好的操练"计划生育政策"这一课的办法，当时我遇到的最大的问题是，这么多语法点和词汇，怎么通过短短的 20 分钟，把这些知识点全部串起来进行操练呢？我记得齐老师给我的建议是，让我做一个主题问题，围绕这个主题进行操练。例如，让学生们一起来解决"王丽的烦恼"，这个主题下包括"陪""上补习班""旅游"等各个知识点。这样学生就可以运用所学的语言知识点，来帮助王丽解决烦恼。后来，我参考了国产动画片"图图"这个角色，做了解决"图图妈妈的烦恼"这个操练活动。因此，对于"训练"这一部分，我最大的感受是，一定要给一个话题（主题）和情境，让学生在这个话题下进行训练，而不是让学生自己去创造情境。只有这样，才能让学生有话可说，让这一部分"活"起来。

b. 我们自己先设计教案，再结合老师的建议进行修改，我认为这样的方法最为有效。首先，我们自己在设计教案的过程中，会真正去主动思考，然后结合思考的问题与想法和老师进行交流，老师能一眼看出我们思考中的问题，能够帮助我们迅速找到问题、解决问题。

（3）我认为这个环节非常有必要。原因如下：

a. 我们自己备课过程无论多充分，问题还是很多。只有通过和备课指导老师的交流，才能最快、最准地看到问题所在。在和备课指导老师的交流中，我个人最大的感受是，意识到理论与实践的巨大不同。教学理论无论学得多么好，如果没有结合实践，也只是纸上谈兵。而备课指导老师的建议，不仅能让我们更好地进行之后的教学，也能让我们意识到所有理论的运用都要考虑到实践。

b. 如果我们自己备课，按照自己的备课思路去上课，我们自身存在的问题只能通过教学实践才能够发现，我个人觉得如果所有问题在教学环节才被发现就太晚了。一方面，对于来听课的学生可能是种折磨，另一方面，也不利于职前教师快速成长。

S27：

我的小组成员在集体备课环节展现出了良好的合作共赢风貌。我们会在前两组讲课的课间积极讨论他们的优缺点，完善我们的教学设计；会根据小组成员的特点，合理进行教学分工；也会在分头完成个人备课后，集体说课，相互补充遗漏之处，再去请老师辅导指点。因为个人缺乏教学经验，同组成员的点拨提醒对我来说真是雪中送炭，他们纠正了我一些不切实际的设计，并给我提供了可操作的修改建议，为我更好地完成备课提供了帮助。而老师则以更丰富的经验、更宽广的视野指导我们备课。比如，老师提醒我准备的教学环节过于丰富，在有限的半个小时内无法完成，建议我删去一半的活动。当听到老师的建议时，我将信将疑，也有些沮丧，因为这意味着半数教学准备将付之东流。但最后的试讲实践证明老师是正确的：在删除了一半的教学环节后，我依然超时了。所以我认为教师的备课指导是非常有必要的，因为老师可以高屋建瓴地给予我们直接的教学指导，对提升我们的教学效果、教学能力也有很大帮助，对外国学生志愿者的学习更是负责的。

S28：

集体备课的时候，大家会先讨论这一课的整体内容，然后分 part，之后每个人都会对其他人的 part 提建议，我觉得其他人的建议特别重要，因为在准备自己的部分的时候有很多问题是我们自己没想到的，比如这个生词用什么方法解释更好，语法点用哪个例句讲解更清楚，课文应该怎样呈现，活动如何设计这些问题，在得到其他人的意见之后我们才能更好地修正自己的部分。

我们小组在见老师之前也讨论过一些问题，但是也有一些问题仍然存疑，例如我们想先进行小组活动然后讲解课文。经过老师的指导，我们意识到课文是练习表达的基础，这样做会让学生不能直接应用课文学过的句式，降低课文的指导作用，所以之后我们进行了调整。我在教学时主要负责讲解生词，因为课上时间有限，所以我选择了一些我觉得比较重要的生词，在与老师讨论时，老师提议应该增加一些更重要的生词，而且指导我要讲解一些延伸性的词汇。我觉得老师的指导非常重要，既帮助我们把握这一课的整体模块，又纠正了我们的一些细节问题。我们教学经验不足，所以有的问题自己意识不到，得到老师的纠正以后，上台之前也能更有信心。

S29：

我以前以为的集体备课，是我们大家一起谈一谈对这篇文章的认识，然后画出这篇文章里的重点词语和重点语法，再一起讨论这些词语和语法应该如何进行有效操练，包括最后的讨论，有哪些话题可以很好地用在这篇文章中等，这是一个大家一起讨论然后得出结果的过程。但是真实的情况是，生词、课文、语法、练习大家每个人做一部分，然后准备好之后，每个人试讲一遍，大家对于其中有问题的部分再讨论，这样做虽然分工比较明确，但是没有提前讨论过的话，我总觉得大家对于文章中的重点的感知是不一样的，每个人都有自己的想法，简单来说就是每个人都是割裂开的一部分，只是拼凑在一起的一个整体。

最近开始在普北班上课之后也是集体备课，我们现在的做法是备课之前先统一定好我们讲课文中的哪些生词、哪些语法，针对这些重点的提问方式，有哪些问题可以让学生直接出目标句，再讨论有哪些比较有价值的话题可以用到课文中的生词和语法，我觉得这是我想象中的集体备课，所以可能在试讲前的那次集体备课我们做得还不是很好。

老师在听完我们的想法之后，给出了非常有指导性的意见，包括生词的新讲法、课文练习的新方法，跟学生同时扮演课文中的角色，增加了跟学生的互动。我觉得这是一个非常有必要的环节，因为两个小时的课四个人来上，我们中间可能有的人从来没有站在讲台上过，老师经验丰富，可以看出我们的想法中有哪些是明显不适合用在课堂上的，哪些语法点可以用更好的方式呈现，所以老师的指导对于我们来说是非常有必要的。

S30：

我们这组是先每个人设计自己的部分，形成一个雏形之后集体讨论，每个人就自己的设计进行阐述，把自己觉得不确定的地方提出来大家一起解决，尤其是每个环节的练习部分和最后的交际活动部分，从语言学习者及同行两个角度分析活动是否有趣，是否具有可操作性。之后找教师指导备课，在试讲前一天大家再聚起来模拟一遍课堂，从教师语速及话语难度、教师教态、练习难度等方面进行调整。

这是我第一次和同学一起讨论备课，（我）非常喜欢这个环节。一方面我们可以从同学的评价里看到自己的不足；另一方面，在观察同学、提出建议的过程中，我也能发现自己身上存在的问题从而加以规避。另外，四个人一起解决问题，办法总是比较多的，那种豁然开朗的感觉真的很棒。

教师指导备课环节是必要的，对于我们中的大部分人来说，教一个班的经验一般是没有或者比较少的，如果没有富有经验的老师的引导，可能最后上课的效果会与设想中相去甚远。比如我们之前的活动设计，想让学生扮演旅行社与顾客，旅行社根据顾客的需求提供旅行线路，老师给出的修改建议是两个旅行社竞争，互相说出自己的优势，由于有竞争，学生也会更加积极主动。老师给出的这个建议非常有效，不仅操作起来简单，后来在课堂上的运用效果也确实很不错。因此我认为，这个环节是十分必要的。

S31：

我的感受是大家对知识点的把握、对教学内容的安排等想法差别挺大的。学生一起备课的价值更多体现在听对方试讲的过程中，能在课下试讲的时候就连贯性、清晰性向对方提一些建议，但至于整体讲课是否有效，还要看真正课堂上的教学效果。

太喜欢老师指导备课的环节了。我们是第四组，老师给我们提了特别多的宝贵意见，很多新的课堂教学方法是我之前从未想过的，让我感到教学真的不是一成不变的，而是需要投入精力去思考怎样让教学通过方式的改变而更有效。这个环节特别有必要，也是在这个环节中我看到了老师作为资深教师，理念更多元，教学手段更多样，而且能更敏锐地观察到不同知识点的要义，更能预判课堂上可能出现的问题。

这是和资深教师对话、接受资深教师指导的好机会，我觉得对新手教师的帮助非常大。当然，这种指导应该是建立在我们已经有了初步想法的基础上的，像这样先向老师介绍我们的想法，然后老师再进行指导，对我们的想法进行批评修正，能促进我们更快成长。